생태적 전환,
슬기로운 지구 생활을 위하여

Good
morning
Good
night

'굿모닝 굿나잇'은 21세기 지식의 새로운 표준을 제시합니다.
이 시리즈는 ㈜3·1문화재단과 김영사가 함께 발간합니다.

생태적 전환,
슬기로운 지구 생활을 위하여 큰글자책

1판 1쇄 인쇄 2021. 9. 3.
1판 1쇄 발행 2021. 9. 10.

지은이 최재천

발행인 고세규
편집 이혜민 | 디자인 정윤수 | 마케팅 윤준원 | 홍보 박은경 · 이한솔
본문 일러스트 최혜진
발행처 김영사
등록 1979년 5월 17일(제406-2003-036호)
주소 경기도 파주시 문발로 197(문발동) 우편번호 10881
전화 마케팅부 031)955-3100, 편집부 031)955-3200 | 팩스 031)955-3111

ISBN 978-89-349-8502-0 04300
      978-89-349-9072-7 (세트)

홈페이지 www.gimmyoung.com   블로그 blog.naver.com/gybook
인스타그램 instagram.com/gimmyoung   이메일 bestbook@gimmyoung.com

좋은 독자가 좋은 책을 만듭니다.
김영사는 독자 여러분의 의견에 항상 귀 기울이고 있습니다.

큰글자책

ECOLOGICAL TURN

생태적 전환, 슬기로운 지구 생활을 위하여

최재천 지음

지속가능한
지구를 위한 마지막 선택

김영사

차례

3장 기후변화의 위기

4장 생물다양성의 고갈

지나치게 성공한 동물의 고민

미국의 위대한 자연학자이자 사상가인 헨리 데이비드 소로 Henry David Thoreau 는 1817년 보스턴 근교의 콩코드라는 작은 마을에서 태어났다. 소년 소로는 시며 그리스 신화며, 손에 잡히는 책이란 책은 모조리 읽어야 직성이 풀리는 책벌레였다. 그런데 시인이자 범신론적 초월주의 철학자 랠프 월도 에머슨 Ralph Waldo Emerson 이 같은 동네로 이사 온 걸 계기로 자연에 눈뜨기 시작했다. 특히 에머슨이 1836년에 저술한 에세이 《자연 Nature》을 읽고 크게 감명받았다고 한다. 소로가 1845년 미국 독립기념일인 7월 4일부터 2년간 월든연못 Walden Pond 옆에 오두막을 짓고 살았던 얘기는 우리 독자들에게도 잘 알려져 있다.

하버드대에서 유학하던 시절, 나는 종종 월든연못을 찾곤 했다. 월든은 사실 연못치고는 좀 큰 편이다. 그렇다고 호수라 부르기에는 좀 과한 게 사실이다. 미국 정부는 1962년 월든연못을 포함한 인근 숲 전체를 국립유적지로 지정했다. 연간 줄잡아 60만 명의 방문객이 다녀가지만 자연 경관이 비교적 잘 보전되고 있는 곳이다. 연못을 뼹 두른 산책로로 접어들어 오른쪽으로 한 3분의 1가량 걸으면 소로가 살던 집터가 나온다. 집은 이미 오래전에 사라져버렸고, 지금은 그런 집이 있었노라 가리키는 작은 푯말만이 말없이 서 있다. 서너 평도 채 되지 않았을 단칸방 작은 집이 서 있던 자리는 이제 바람조차 아무런 걸림 없이 스쳐 지나가는 빈 공간이 되어버렸다.

충청남도 서천에 있는 국립생태원에서 원장으로 일하던 시절 나는 '생태학자의 길'을 만들었다. 독일 하이델베르크와 일본 교토의 '철학자의 길'에서 아이디어를 얻었다. 2014년 11월 23일 개통한 '제인 구달 길Jane Goodall's Way'에 이어 그 이듬해 2015년 11월 24일 《종의 기원On the Origin of Species》 출간 기념일에는 '찰스 다윈 길Charles Darwin's Way'을 열었다. '구달 길' 봉헌에는 제인 구달 박사가 직접 참석해 뜻 깊은 행사를 열 수 있었지만, 아무리 생각해도 '다윈 길' 행사에 이미 죽은 다윈을 모실 방법이 없었다. 그러던 내게 묘안이 떠올랐다. 다윈이 만일 부활해 우리 곁으로 돌아와 가장 먼저 만나고 싶어 할 사람이 누구냐고 그에게 묻는다면 서슴없이 프린스턴대 로즈메리 그랜트Rosemary Grant와 피터 그랜트Peter Grant 교수라고 답할 것이다. 이 부부 교수는 거의 반세기 동안 갈라파고스 현지에서 다윈이 관찰하고 채집했던 핀치새Darwin's finches를 연구해온 우리 시대 최고의 진화생물학자들이다. 게다가 피터 그랜트 교수는 언뜻 다윈을 참 많이 닮았다. 나는 조심스레 그에게 다윈의 아바타 역할을 해주실 수 있느냐는 이메일을 보냈다. 그는 흔쾌히 내 요청을 수락했고 바쁜 일정 중에도 1주일이나 시간을 내 한국을 방문해줬다. 그는 내가 만난 세계적인 석학들 중에서 가장 따뜻한 분이다.

내가 국립생태원장 일을 마치고 떠난 뒤인 2018년 4월 24일 '소로 길Henry David Thoreau's Way'이 열렸다. 여기에는 월든연못의 소로 유적지에도 없는 게 있다. 국립생태원 '소로 길'에는 바로 소로의 오두막이 재현돼 있다. 미국 소로학회The Thoreau Society의 도움으로 철저한 고증을 거쳐 지은 오두막이다. 소로의 오두막에 들어서며 몇 년 전 월든 연못을 찾았을 때의 기억을 떠올렸다. 소로의 오두막 집터에서 메추리알 크기의 동그스름한 잿빛 조약돌 하나를 집어 들었다. 소로의 성품처럼 수줍은 듯하지만 곧은 결기가 한 세기 반이라는 세월을 넘어 내 손과 팔의 핏속으로 흘러드는 것 같았다. 불현듯 소로 선생님께 편지를 쓰고 싶어졌다. 미리 편지지를 준비해오지 않았기에 종이 대용으로 쓸 것을 찾기 위해 주위를 둘러보았다. 그리 멀지 않은 곳에 자작나무 한 그루가 흰 살갗을 조금 벗어 들고 서 있었다. 소로 못지않게 자연의 싱그러움을 감칠맛 나는 언어로 빚어냈던 정비석 선생님은 자작나무를 나무 중의 왕이라 일컬었다. 나도 거무죽죽한 숲에 홀로 흰옷을 걸쳐 입은 자작나무를 특별히 좋아한다. 자작나무의 껍질을 조금 떼어 편지를 써보기로 했다. 그런데 나는 그 자작나무에서 못 볼 걸 보고 말았다. 그 나무 껍질에는 인간이라는 짐승의 앞발이 닿는 곳마다 무지함이 자랑스러워 어쩔 줄 모르는 이름들이 빈틈없이 새겨져 있었다. 고백하기 부끄럽지만, 그중에는 우리 한국인의 이름도 또렷하게 적혀 있었다. 한 세기 반 전에 이미 소로가 그토록 명확한 언어로 짚어준 자연에 대한 경외심을 우린 아직도 가슴에 새기지 못했다. 그저 자연의 가슴팍에 오염의 족적을 새기기 바쁠 따름이다.

소로 선생님, 몇 년 전 저의 스승 에드워드 윌슨Edward O. Wilson 교수가 바로 이 자리에서 선생님께 써보낸 편지를 기억하십니까? 윌슨 교수는 저서《생명의 미래The Future of Life》의 서문으로 실린 그 편지에서 한 세기 반 전 선생님께서 그토록 예찬했던 이 지구의 생명들이 얼마나 심각한 절멸의 위기에 놓였는지 조목조목 알려드렸습니다.

"제3의 밀레니엄을 맞는 이 지구에 아마겟돈이 밀려오고 있습니다. 그런데 예언자들의 말처럼 우주의 소용돌이가 우리 인류를 화염에 몰아넣는 게 아닙니다. 지나치게 풍요롭고 독창적인 우리 인간의 본성이 이 행성을 파멸시키고 있습니다."

선생님도 아시다시피 우리는 우리 자신을 현명한 인류라는 뜻의 '호모 사피엔스Homo sapiens'라고 부릅니다. 하지만 저는 우리가 똑똑하고 독창적일지는 몰라도 결코 현명하다고는 생각하지 않습니다. 우리의 독창적이고 똑똑한 과학과 기술이 우리를 이 지경으로 만들었음은 아무도 부정하지 못할 것입니다. 이제 '현명한' 과학과 기술이 우리를 아마겟돈의 위기에서 구원해야 합니다.

선생님, 저는 지금 선생님께서 지내시던 그 통나무집 터에 와 서 있습니다. 저는 일찍이 《월든Walden》과 《시민 불복종Civil Disobedience》에 실린 글을 통해 자연과 사회를 향한 선생님의 의지를 읽었습니다. 얼마 전부터 저는 우리 인류가 '호모 사피엔스'의 자만에서 깨어나 '호모 심비우스Homo symbious(공생인)'로 거듭나야 한다고 부르짖고 있습니다. 자연 속에 함께 어우러져 사는 것이 아니라 그것을 지배하려는 우리의 오만한 사고방식, 경제성장 제일주의의 근시안적 정책, 나만 살고 보자 식의 이기주의적 도덕관 등에 획기적인 변화가 일어나지 않는 한 지구의 미래는 그야말로 불 보듯 뻔합니다. 이제 우리는 더 이상 물러설 수 없는 벼랑 끝에 서 있습니다. 의식의 대전환이 절실한 때라고 생각합니다.

선생님의 집터를 떠나려던 참에 개미 한 마리가 동료의 시체를 나르는 걸 보았습니다. 우리에게 희망이 전혀 없는 것은 아닙니다. 생명은 늘 우리를 떠나지만, 또 한편에서는 더 큰 숨을 몰아쉽니다. 선생님의 뒤를 이어 저도 끊임없이 생명의 아름다움을 노래하렵니다. 월든숲 위로 예전에 선생님께서도 늘 보셨던 그 태양이 솟아오르고 있습니다. 편히 쉬십시오, 소로 선생님.

2019년 겨울에 발생해 팬데믹pandemic, 즉 세계적 유행병으로 번진 코로나19 COVID-19 사태의 한복판에서 나는 소로 선생님께 또다시 펜을 들었다. 우리 인간의 오만방자한 태도와 경제 제일 정책이 불러온 대재앙에 대해 알려드려야 할 것 같았다.

소로 선생님, 지난번 편지의 말미에 편히 쉬시라 말씀드렸지만 다시 한번 잠드신 선생님을 깨우고 말았습니다. 2019년 겨울부터 시작된 코로나19 팬데믹으로 인해 세계는 지금 전례 없는 경제 위기와 더불어 엄청난 인명 피해를 감내하고 있습니다. 발생한 지 10개월 만에 대한민국 인구에 맞먹는 5000만 명이 감염돼 무려 100만 명 이상이 목숨을 잃었습니다. 저는 우리가 선생님의 가르침을 일찌감치 생활 속에 적용하고 실천했더라면 이런 일이 애당초 벌어지지도 않았을 것이라고 생각합니다. 선생님은 이미 한 세기 반여 전에 우리 현대인이 실천해야 할 자연철학을 깨닫고 가르치셨습니다.

사실 선생님은 혼자가 아닙니다. 선생님의 지적 유산은 다양한 분야의 많은 후학들을 통해 우리들에게 전달되고 있습니다. 우선 "이니스프리로 갈 거야 / 조그마한 오두막을 거기에 지을 거야 / 진흙과 나뭇가지로 / 콩을 아홉 이랑 심고 / 꿀벌도 한 통 칠 거야 / 그리고 벌 소리 잉잉대는 숲에서 홀로 살 거야"라고 노래한 아일랜드 시인 윌리엄 버틀러 예이츠가 떠오릅니다. 마르셀 프루스트, 싱클레어 루이스, 어니스트 헤밍웨이 같은 소설가는 물론, 프랭크 로이드 라이트 같은 건축가도 선생님의 영향을 깊게 받은 걸로 압니다. 보다 직접적으로 가르침받은 사람들은 선생님이 그러셨던 것처럼 자연을 관찰하고 거기서 얻은 깨달음을 글로 표현한 존 버로스, 존 뮤어, 알도 레오폴드, 레이철 카슨, 로렌 아이슬리, 에드워드 폴 애비 같은 자연주의자들입니다. 에드워드 윌슨, 제인 구달, 베른트 하인리히 등은 지금도 열심히 선생님의 위업을 이어가고 있습니다. 저도 나름 노력하고 있습니다.

선생님과 선생님의 사도들이 이처럼 끊임없이 부르짖었

건만 대재앙은 끝내 일어나고 말았습니다. 자연계에서, 그리고 지구 생명의 역사에서 아마도 가장 탁월한 두뇌를 지니게 된, 그래서 스스로 '현명한 인간, 호모 사피엔스'라 부르는 인간은 도대체 왜 자신의 삶의 터전을 이토록 망가뜨리며 사는 걸까요? 걷잡을 수 없는 기후변화와 생물다양성의 고갈은 우리 인류의 존재 자체를 위협하기 시작했습니다. 오로지 풍요와 편리만 추구하는 우리 삶의 향방을 되돌릴 수 있을까요? 그 옛날 월든연못 가에서 선생님께서 하신 말씀이 귓가에 맴돕니다.

"대부분의 사치품들과 우리 삶을 안락하게 해준다는 것들은 꼭 필요한 것도 아니며 인류의 승격에 명백한 방해물일 뿐이다."

Good
morning
Good
night

환경 재앙의
역사

1
성경이 기록한 환경 재앙

출애굽기의 10가지 재앙

고대의 '생태학'은 생활에 직접적인 도움을 주는 실용 학문의 성격이 강했다. 그러나 어떤 의미에서 생태학은 인류 역사 내내 끊임없이 겪어야 했던 다양한 환경 재앙으로 인해 그 중요성이 훨씬 크게 부각되었다. 성경을 역사적인 기록으로 볼 것인가 아닌가에 대해서는 논란의 여지가 있지만, 구약시대에도 이미 상당한 환경 재앙이 있었음을 짐작할 수 있다. 출애굽기 7장에서 12장에 걸쳐 기록된 사건들을 보면 지금도 지구촌 곳곳에서 벌어지는 환경 재앙들과 크게 다르지 않다. 첫째 재앙에 대하여 성경은 강물이 피로 변하여 "강에 있는 물고기가 죽고, 강물에서 악취가 나서, 이집트 사람들이 그 강물을 마실 수 없게 되었다"고 적고 있

다. 여기서 말하는 '피'는 꼭 혈액을 의미하는 것은 아닌 듯
싶다. 현재 우리가 목격하고 있는 오염된 강물의 상징적 표
현이라고 봐도 큰 무리는 없어 보인다.

둘째, 셋째, 넷째, 그리고 여덟째 재앙인 개구리, 이, 파리,
그리고 메뚜기 소동은 모두 특정 생물의 밀도가 비정상적
으로 증가하여 생태계의 균형이 깨지는 경우이다. 이 같은
대발생과 생물다양성의 불균형 중에서도 특히 메뚜기의 급
격한 개체수 증가는 지금까지도 빈번하게 일어나는, 매우

심각한 생태 재앙이다. 출애굽기 10장 13~15절(새번역성경)은 다음과 같이 적고 있다.

모세가 지팡이를 이집트 땅 위로 내미니, 주님께서 그날 온종일, 그리고 밤이 새도록, 그 땅에 동풍이 불게 하셨다. 그 동풍은 아침 녘에 메뚜기 떼를 몰고 왔다. 메뚜기 떼가 이집트 온 땅 위로 몰려와서, 곳곳마다 내려 앉았다. 그렇게 많은 메뚜기 떼는 전에도 본 적이 없고, 앞으로도 결코 볼 수 없을 만한 것이었다. 그것들이 땅의 표면을 다 덮어서 땅이 새까맣게 되었다. 그것들이, 우박의 피해를 입지 않고 남아 있는 나무의 열매와 땅의 푸성귀를 모두 먹어 치워서, 이집트 온 땅에 있는 들의 나무와 푸른 푸성귀는 하나도 남지 않았다.

1938년 노벨문학상을 수상한 펄 벅Pearl Buck의 《대지The Good Earth》에도 비슷한 장면이 묘사돼 있다.

그것이 어느 날 남쪽 하늘에 작고도 가벼운 구름으로 나타났다. 처음에는 바람에 나부끼는 구름처럼 이리저리 흐르지도 않고 조그맣게 안개처럼 조용하게 지평선에 걸려 있더니 이윽고 부채 모양으로 퍼졌다. (…) 이윽고 하늘이 새까매지고, 주위는 서로 날개를 부딪쳐대는 깊고도 가라앉을 듯한 소리로 가득 찼다. 일단 내려앉기만 하면 그 밭은 겨울 밭처럼 벌거숭이가 되어버렸다. (…) 그러나 왕룽은 미친 듯이 뛰어다니며 메뚜기 떼를 닥치는 대로 때려죽였다. 머슴들은 도리깨를 휘둘러 때려 잡았다.

이처럼 심각한 생태 재앙을 일으키는 메뚜기들은 우리가 논에서 흔히 보는 메뚜기들과는 다른 종류이다. 이른바 '이동성 메뚜기'라고 부르는 이 풀무치들은 세계적으로 수십 종에 이른다. 그중 가장 심각한 문제를 일으키는 것은 역시 아프리카 풀무치들이다. 이들은 주로 아프리카 대륙의 중부 또는 동북부 지역에 살다가 기후 조건이 맞으면 갑자기 수가 늘며 중동 지방은 물론 멀리 인도까지 이동한다. 계절풍을 타고 하루에 30~40킬로미터에서 심지어 100킬로미터까지 이동한다. 대개 10억에서 많게는 100억 마리가 함께 떼를 지어 이동한다. 이들이 잠시 쉬어가는 곳에 풀잎 하나 제대로 남지 않는 것은 바로 이 엄청난 숫자와 이들의 먹성 때문이다.

집짐승의 죽음(다섯째 재앙)과 '처음 난 것'들의 죽음(열째 재앙), 피부병의 창궐(여섯째 재앙) 등은 모두 감염성 질환의 영향으로 볼 수 있다. 2020년 벽두부터 전 세계가 코로나19 벼락을 맞아 전전긍긍하고 있는데, 이 같은 재앙은 예전에도 있었고 앞으로도 계속 일어날 것이다. 세계보건기구WHO는 전염병 시대가 다시 우리 곁에 찾아오고 있다고 경고한다. 우리 인간과 우리가 기르는 동물들은 예전에도 그랬고 앞으로도 늘 병원균과의 전쟁에서 자유롭지 못할 것이다. 환경 파괴와 기후변화가 우리를 자꾸만 불리한 처지로 내몰고 있다.

우박이 쏟아져 사람이나 짐승은 물론, 들의 모든 풀을 치고 모든 나무를 부러뜨린 일곱째 재앙과 이집트 온 땅이 사흘 동안이나 짙은 어둠에 휩싸인 아홉째 재앙은 기후변화 및 천재지변과 관련 있어 보인다. 그 길었던 중생대 동안 이 지구를 호령했던 공룡들이 약 6500만 년 전 한꺼번에 절멸한 사건을 두고 진화생물학자들 간에 의견이 분분하다. 현재 가장 유력한 학설로 인정받는 것은 이른바 '운석 충돌 가설'이다. 거대한 운석이 카리브해 유카탄반도 근처에 떨어졌는데, 그 충격으로 지상에 있던 먼지가 떠올라 태양을 가려버렸다는 것이다. 그러자 광합성을 할 수 없게 된 식물의 상당수가 죽어나갔고, 그를 따라 초식공룡이 절멸한 다음 드디어는 육식공룡들도 그 뒤를 따랐다는 설명이다. 여기서 우리가 얻어야 할 교훈은, 운석 충돌 한 번으로 모든 공룡이 절멸하지는 않는다는 사실이다. 운석 충돌로 촉발된 전 지구적 기후변화가 길게 이어지며 결국 공룡시대가 막을 내린 것이다.

2
근대의 환경 재앙

환경에 대한 인간의 무지가 낳은 결과

한국전쟁의 기록사진으로 가장 내 기억에 깊이 남은 것은 미군 병사가 우리 아이들 머리 위에 DDT를 뿌리는 사진이다. DDT의 폐해가 밝혀지기 전에 벌어진 일이지만, 지금 생각하면 참으로 무지스럽고 끔찍한 일이다.

비슷한 시기에 미국에서는 DDT의 독성이 드러나는 사건이 벌어지고 있었다. 미국 캘리포니아주의 샌프란시스코 북쪽에는 클리어 레이크라는 휴양도시가 있다. 동네 이름 그대로 맑은 호수를 찾는 관광객들을 상대로 관광사업을 하여 먹고사는 곳이다. 관광객들은 대체로 그곳에 만족하는 편이었다. 다만 머리 주변을 날아다니는 각다귀가 좀 성가실 따름이었다. 어쨌든 각다귀에 대한 관광객들의 불평이 늘어나기 시작하자 마을 사람들은 곧바로 대책회의를 소집했다. 논의 끝에 DDT의 전구물질(어떤 화합물질의 모체가 되는 물질)인 DDD를 호수에 뿌려 각다귀를 제거하기로 했다. DDD는 DDT와 유사한 분자 구조를 지닌 유기염소 화학물질로서 자연에서 좀처럼 분해되지 않아 수십 년간 생태계에 잔류한다. 1949년 마을 사람들은 0.02피피엠ppm: parts per million의 DDD를 호수에 뿌렸다. 그러자 각다귀가 거짓말처럼 감쪽같이 사라졌다.

그러나 각다귀는 잠시 그렇게 사라지는 듯싶더니 1951년부터 또다시 들끓기 시작했다. 결국 마을 사람들은 1951년부터 또다시 DDD를 살포하기 시작했다. 그러던 어느 날부터 물고기들이 한둘 물 위에 뜨더니 1954년에는 드디어 호수에서 물고기를 잡아먹고 살던 논병아리 100여 마리가 죽은 채로 발견됐다. 죽은 논병아리와 물고기는 물론, 호수에 사는 다른 동물들의 조직에서 DDD의 농도를 측정해 보았다. 호수에 뿌린 DDD는 기껏해야 0.02피피엠이었지만 플랑크톤의 몸에는 약 5.3피피엠, 작은 물고기의 조직에는 10피피엠, 그런 작은 물고기들을 잡아먹고 사는 큰 물고기와 논병아리의 지방 조직에는 무려 1500~1600피피엠의

DDD가 농축되어 있었다.

생태학자들은 이 사건을 통해 생태계의 먹이사슬 구조에 대해 배웠다. 몸집이 작은 동물에게는 그리 큰 영향을 미치지 않는 물질 농도가 먹이사슬을 거슬러 올라가면서 그 작은 동물들을 잡아먹는 동물들에게는 생물 농축bio-accumulation으로 인해 훨씬 더 큰 피해를 끼치게 된다는 사실을 깨달았다. 식물에게는 별다른 영향을 미치는 것 같지 않고 실제로 해충 피해를 줄여 식물을 훨씬 더 건강하게 만들어주는 것같이 보이는 농약의 독성 성분이 먹이사슬의 상층부에 있는 우리 인간의 몸에 들어왔을 때에는 상당한 양으로 농축되어 엄청난 영향을 미칠 수 있다는 사실도 알게 됐다.

시간이 흐르며 이 사건은 그저 한 지역에서 우발적으로 일어난 사건으로 묻혀가고 있었다. 이러한 우리의 망각을 깨우쳐준 사람이 바로 그 유명한 레이철 카슨Rachel Carson 이었다. 카슨은 1962년 《침묵의 봄Silent Spring》에서 농작물의 수확량을 높이기 위해 살포한 살충제 DDT가 먹이사슬의 상위권에 있는 동물들에 이르면 치명적인 수준에 달한다는 생태학 원리를 여러 실례를 통해 명백하게 밝혔다. 인간의 무분별한 행위가 자연의 균형을 파괴하여 궁극적으로는 인간 자신의 생존마저도 위협하게 되는 생태계의 원리를 설득력 있게 가르쳐주었다.

《침묵의 봄》이 출간되고 3년 후, 그리고 카슨이 사망한 이듬해인 1965년 미국은 베트남전에서 밀림 속에 숨어 있는 적군을 노출시키기 위해 '에이전트 오렌지Agent Orange'라는 제초제를 대량으로 살포했다. 이 맹독성 화학물질을 공중에 살포하면 나뭇잎이 말라 떨어지기 때문에 흔히 '고엽제defoliant'라 부른다. 베트남인의 주식인 쌀을 생산하는 논에는 따로 맹독성 비소를 함유한 제초제 '에이전트 블루Agent Blue'를 제조해 살포했다. 10년 동안 미군은 무려 7200만 리터의 고엽제를 뿌려 전투에서는 상당한 효과를 거뒀지만 이 고엽제의 주요 성분인 다이옥신dioxin 때문에 전후 오랫동안 베트남 주민은 물론 미국, 호주, 한국 등에서 참전했던 군인들은 각종 정신 질환과 더불어 높은 암 발병률과 기형아 출생률로 고통을 겪고 있다. 다이옥신의 폐해가 아직 밝혀지기 전인 1968~1969년까지 주한 미군은 우리나라 비무장지대DMZ에도 2만 1천 갤런의 고엽제를 살포했다.

클리어 레이크에서 벌어진 생물 농축은 사람에게 본격적으로 영향을 미치기 전에 멈췄지만 일본 규슈의 작은 어촌 미나마타에서 발생한 일명 '춤추는 고양이 병(미나마타병)'은 끝내 인간에게도 엄청난 불행을 안겨줬다. 1952년 동네 고양이들이 미친 듯이 뱅뱅 돌며 거품을 뿜고 멀쩡히 하늘을 날던 새가 갑자기 땅으로 곤두박질하는 일들이 벌어졌다. 그러다 이듬해부터는 주민 일부가 손발이 마비되고 오한과 두통에 이어 시각과 언어 장애 등 각종 운동 장애를 겪기 시작했다. 심한 경우에는 발작을 일으키며 사망에 이르기도 하고 많은 아기들이 사산되거나 기형으로 태어났다. 여러 해에 걸친 조사와 연구 결과, 인근에 있는 신일본질소 비료공장에서 배출한 폐수에 함유되어 있던 수은이 먹이사슬을 타고 어패류를 거쳐 새, 고양이, 인간에 이르면서 농도가 증가하는 전형적 생물 농축 현상이 원인으로 밝혀졌다. 당시 미나마타만 해수의 수은 농도는 최고 0.0006피피엠으로 극미량이었지만 물고기 조직에는 무려 8만 배에 달하는 10~50피피엠이 축적되어 있었다. 20년이 넘는 법정 투쟁 끝에 1973년 피해자들이 승소할 때까지 43명이 사망했고 111명이 불치의 마비 증상을 보였으며 19명의 아이가 심각한 기형을 갖고 태어났다.

1964년 일본 니가타현 아가노강 유역 주민들이 '미나마타병'과 흡사한 증상을 보여 조사한 결과 쇼와전공에서 배출한 폐수에 섞여 있던 메틸수은이 원인이었다. 일본 도야마현 진즈강 변에 살던 주민들은 상류에 위치한 미쓰이 금속광업에서 흘러 보낸 카드뮴을 장기간 섭취해 이타이이타이병에 걸려 골절을 동반한 심각한 장애를 겪었다. 우리나라에서도 2004년 경남 고성에서 30여 년 전에 폐광된 구리광산에서 흘러나온 침출수가 인근 하천으로 유입되었다. 이 물이 농업용수로 사용되는 과정에서 주민들이 카드뮴으로 인한 이타이이타이병 증상을 나타냈다. 우리나라는 전국적으로 석탄광 334개와 금속광 900여 개가 폐광되었다. 그런데 환경 오염 방지나 생태 복원 대책이 제대로 마련되지 않은 상태로 폐광이 진행돼 앞으로도 오랫동안 적지 않은 환경 문제를 야기할 것으로 우려된다.

유명한 러브 커널Love Canal 사건은 폐기물 관리를 잘못한 참사였다. 1910년 미국의 사업가 윌리엄 러브가 파산한 뒤 방치한 너비 14미터, 깊이 3~12미터, 길이 1.6킬로미터의 거대한 운하를 1942년 후커 케미컬Hooker Chemical사가 뉴욕주 정부의 승인을 얻어 산업폐기물 매립지로 사용하기 시작했다. 1942년부터 1950년까지 무려 2만 2천여 톤의 온갖 유해물질이 이곳에 버려졌다. 심지어 제2차 세계대전 당시 핵무기 개발을 위해 추진했던 그 유명한 맨해튼 프로젝트의 핵폐기물도 이곳에 묻은 걸로 알려졌다. 운하 바닥에 콘크리트를 바르고 철제 드럼통에 폐기물을 넣어 봉인한 다음 매립했다. 그러나 시간이 지나면서 폐기물은 주변 생태계로 스며들었고 결국 학교와 주택가로 분출되기 시작했다. 환경에 대한 무지가 엄청난 재앙을 불러온 이 같은 사건은 세계 각처에서 벌어졌다.

미국 캘리포니아주 힝클리에서는 천연가스 냉각 시스템의 부식을 방지하기 위해 6가크롬hexavalent chromium을 포함한 냉각수를 사용했고, 이를 인근 연못에 방출해 주민 상당수가 온갖 장기에 암을 얻어 시름시름 죽어간 일이 있었다. 이 지하수 오염 사건은 줄리아 로버츠가 2001년 아카데미 여우주연상을 수상한 영화 〈에린 브로코비치Erin Brockovich〉로도 잘 알려져 있다. 이 외에도 미국 미주리주 타임스비치라는 마을에서 일어난 다이옥신 오염 사건, 1953년부터 1960년까지 체코슬로바키아에서 질산이 다량

함유된 식수에 분유를 타서 먹인 아기들이 질산과 헤모글로빈이 결합해 산소 공급을 방해하는 바람에 몸이 푸른색으로 변한 블루베이비 사건 등 셀 수 없이 많다. 최근 우리나라에서 일어난 가습기 살균제 파동도 환경과 생명에 대한 기업의 무책임이 빚어낸 불행한 사건이다.

실수와 은폐가 부른 환경 사고로 우리나라에서는 낙동강 페놀 사건이 대표적이다. 1991년 3월 두산전자 구미공장에서 페놀 30톤이 유출되어 배수로를 통해 고스란히 낙동강으로 흘러 들어가는 사고가 일어났다. 페놀은 대표적인 발암물질이자 신경계에 이상을 유발하는 유독성 화학물질이다. 대구를 비롯해 부산, 마산 등 영남 전역에서 수돗물 이상을 신고했지만 회사는 책임을 회피하기 위해 사실을 은폐하기 바빴고 정부는 사고 발생 후 한 달도 채 안 된 시점에서 조업 재개를 허락하는 바람에 결국 2차 유출 사고를 부르고 말았다. '화학 유산'과 기형아 출산을 두려워한 임산부들을 중심으로 대규모 시위가 벌어졌고, 당시 환경처 장관과 차관이 사직하고 은폐에 연관된 공무원 일곱 명이 구속됐다. 이 사건은 환경에 관한 시민의식을 일깨우며 1993년 4월 전국 여덟 개 환경단체가 한데 모여 환경운동

연합을 출범시키는 데 기폭제 역할을 했다.

설상가상 우려했던 대로 이 같은 화학물질 중 일부는 임신과 수유를 통해 자손 대대로 전달될 수 있다는 사실이 속속 발견되기 시작했다. DDT는 물론, 다이옥신이나 DES 같은 물질들이 체내에 축적되면 가장 뚜렷하게 나타나는 결과는 수컷들의 정자 수가 급격하게 감소하는 현상이다. 각종 야생동물들에 관한 자료뿐만 아니라 인간의 평균 정자 수도 급격하게 감소하고 있는 것으로 밝혀진 자료들도 있다. 초기 자료를 예로 든다 해도 1938년에서 1990년까지 거의 50퍼센트나 감소했다. 정자 수가 어느 수준 이하로 떨어지면 불임으로 이어질 수 있다. 치타에게서는 이미 그런 현상이 현실로 나타나기 시작했다. 나는 2000년 11월 10일 〈동아일보〉에 테오 콜본Theo Colborn, 다이앤 듀마노스키Dianne Dumanoski, 존 피터슨 마이어John Peter Meyers의 《도둑 맞은 미래Our Stolen Future》에 관해 다음과 같이 서평을 적었다.

아버지와 아들이 나란히 남의 집 담벼락에 소변을 보고 있었다. 손으로 물건을 잡고 용변을 보는 아들에게 아버지가 "요즘 젊은이들은 정력이 떨어져 큰일이야. 내가 젊었을 땐 손 놓고 용변을 봐도 바지를 적시지 않았는데 말이야" 했다고 한다. 그러자 아들이 "아버지, 이렇게 잡고 있질 않으면 얼굴로 다 튀어서 그래요"라고 대답했단다. 레이철 카슨의 《침묵의 봄》 이래 가장 섬뜩한 환경신문고인 《도둑 맞은 미래》에 따르면 머쓱했던 그 아버지가 진짜로 걱정해야 할 일이 생겼다. 요즘 아이들은 나이 든 아버지에 비해 절반에도 못 미치는 정자들을 가지고 있기 때문이다. 1992년 프랑스 연구진이 발표한 논문에 보면 1985년에 30세가 된 1954년생 남성들의 정자 수가 정액 1밀리리터당 평균 1억 200만 마리인 데 비해 1993년에 30세가 된 1962년생 남성들의 정자 수는 불과 5100만 마리였다. 이 두 집단의 연령 차이가 겨우 8세인 것을 보면 문제의 심각성을 짐작하고도 남으리라.

내가 태어난 해가 1954년이고 카슨의 《침묵의 봄》이 출간된 해가 1962년이다. 그 두 '사건' 사이에 인간 남성의 정자 수가 반감했다. 원래 남성의 정자 수는 나이가 들면서 서서히 감소하는 경향을 보이는 법이지만 감소 속도가 너무 빨라졌다. 현대 남성들이 겪는 질병으로 가장 흔한 것 중 하나가 전립선 비대증이다. 미국의 경우 전립선암이 남성 암의 3분의 1을 차지하며 그 비율은 우리나라에서도 급격하게 늘고 있다. 이 같은 전립선 질환들이 출생 전에 다이옥신이나 DES 같은 호르몬 유사물질에 노출된 경험과 무관하지 않을 것이라는 연구 결과가 있어 충격을 더한다. 현대 남성들은 이제 남자 구실도 제대로 못할 뿐 아니라 생존 자체도 위협받고 있다. 무지와 부주의의 결과로 일어나는 작은 환경 사고들이 도처에서 우리 목을 죄고 있다.

대기 오염 역시 심각한 환경 문제를 일으킨다. 영국 런던에서는 1952년 12월 4일부터 10일까지 1주일간 사상 최악의 스모그가 발생했다. 당시 영국에서는 가정이나 공장에서 석탄을 연료로 사용했는데 때마침 남부 지방에 버티고 선 강력한 고기압의 영향으로 바람이 거의 불지 않는 데다가 기온 역전 이상 현상으로 인해 배출된 연기가 상승하지 않고 지면 가까이 정체되는 바람에 짙은 안개와 결합해 스모그가 형성됐다. 1주일 동안의 대기 오염으로 인해 이어진 3주 동안 호흡 장애로 무려 4천여 명이 사망했다. 이때 시작된 만성 호흡기 질환으로 추가로 8천여 명이 목숨을 잃어 사망자 수는 총 1만 2천 명을 넘어섰다. 대기 오염으로 인한 공해는 런던 외에도 미국 로스앤젤레스와 도노라, 멕시코시티, 일본 욧카이치 등에서 엄청난 인명 피해와 경제 손실을 초래했다. 1976년에는 이탈리아 북부 도시 세베소 이크메사Icmesa라는 화학회사의 공장에서 단 15분 동안 삼염화페놀trichlorophenol이 대기 중에 누출됐는데, 염소가스를 함유한 구름이 반경 5킬로미터 내 11개 마을을 뒤덮어 가축 4만 마리가 폐사하고 임산부 51명이 유산을 경험했으며 100여 명은 기형아 출산을 우려해 이례적으로 교황청의 허락을 얻어 낙태 수술을 받았다. 최근 중국 베이징과 우리나라 서울이 거의 함께 겪고 있는 황사와 미세먼지 문제도 하루빨리 해결해야 할 대기 오염 문제이다.

1979년 여름 펜실베이니아주립대에서 유학 생활을 시작했을 즈음이었다. 그보다 몇 달 전인 3월 28일 그곳에서 남동쪽으로 약 140킬로미터밖에 떨어지지 않은 주도州都 해리스버그의 스리마일 아일랜드 원자력발전소의 원자로가 녹아 방사능 물질이 대기 중으로 누출된 사고 때문에 뒤숭숭했다. 30억 달러에 달하는 원자로가 단 30초 만에 융해됐고 이로 인해 경제 손실이 발생한 것 외에는 신속하고 순조롭게 진행된 사고 처리 덕에 직접적인 인명 피해는 없어 보였다. 그러나 시간이 흐르면서 인근 지역의 유아 사망률이 다른 지역에 비해 두 배 이상 높게 나타났고, 갑상선에 이상 증상을 갖고 태어난 신생아도 50퍼센트나 증가했다.

　이 사건은 미국에서 발생한 가장 심각한 원자력발전소 사고였지만 1986년 4월 25일 러시아 우크라이나 지방의 체르노빌에서 일어난 원자력발전소 사고에 비하면 규모나 피해 면에서 비교도 되지 않는다. 원자로 자동 냉각 장치에 관한 안전 수칙이 제대로 지켜지지 않아 원자로가 과열로 폭발해 무려 8톤의 방사능 물질이 대기 중으로 방출됐다. 이는 1945년 일본 히로시마에 투하된 원자폭탄에서 나온 방사능 물질의 1천 배 이상 많은 양이다. 후속 처리 부실로 열흘 동안이나 방사능 누출이 이어졌고 발전소 직원 31명이 현장에서 사망했으며 그 후 10년간 적어도 10만여 명이 추가로 사망한 것으로 추정된다. 엄청난 인명 피해 외에도 광범한 지역에 서식하는 동식물과 생태계 전반에 돌이키기 어려운 치명적 영향을 끼쳤다. 원자력 발전은 사고만 일어나지 않으면 화석 연료에 비해 환경 오염이 훨씬 적은 게 사실이지만 이처럼 엄청난 환경 피해를 일으키는 사고 위험을 후손에게 물려줄 것인가 심각하게 고민해야 한다.

《침묵의 봄》은 일반 대중에게 생태학의 기본을 가르치고 환경에 대한 경각심을 일깨워주었을 뿐 아니라 국가의 환경 정책과 조직에도 직접적인 영향을 미쳤다. 미국에서는 《침묵의 봄》이 출간된 지 7년 만인 1969년에 환경보호국EPA: Environmental Protection Agency이 설립됐다. 앨 고어Al Gore는 정치인으로서는 드물게 일찍부터 환경보호의 중요성을 깨닫고 직접 환경에 관한 수준 높은 책《위기의 지구Earth in the Balance》를 저술한 바 있다. 고어는 부통령으로 선출되면서 환경보호국을 부통령 직속으로 만들었다. 환경 부서가 정부의 다른 부서들이 추구하는 개발 정책들과 격돌할 수밖에 없는 현실을 감안하여 아예 분리시킨 것이다. 그 후 빌 클린턴Bill Clinton 대통령과 고어 부통령은 제2차 집권과 함께 환경보호국을 대통령 직속으로 승격시켜 오늘에 이른다.

우리나라의 환경 정책도 정부 조직 면에서 보면 그리 뒤지지 않는다. 1980년 1월 환경청이 처음 세워졌고, 그로부터 정확하게 10년 후 환경처가 되었다가, 김영삼 대통령 시절인 1994년 12월 지금의 환경부로 승격되었다. 환경 문제에 대한 우리 정부의 의지가 반영된 것임에는 틀림없으나 아직도 환경부는 우리 정부에서 가장 힘 없는 부서들 중의 하나임을 부정하기 어렵다. 그래서 나는 오래전부터 우리 정부도 환경 부서를 대통령 직속으로 이관할 것을 제안했다. 개발 일변도의 다른 부서들과 함께 국무회의를 하며 환경 지킴이의 역할을 해내기는 결코 쉬운 일이 아니기 때문이다. 또 나는 그보다 더 확실한 방안으로 환경부총리 제도를 제안하기도 했다. 위상이 비슷한 두 부총리를 세워 한 사람은 경제개발 업무를 담당하게 하고 다른 사람은 환경, 복지, 그리고 외교안보 등의 업무를 맡도록 하는 방법이다. 내 주변의 몇몇 행정학자들은 작은 정부를 추구하는 추세에 사뭇 비효율적일 수 있는 제도라고 충고했으나 삶의 질이 강조되는 시대로 접어들었으니 심각하게 고려해볼 만한 제도이다.

이명박 정부 시절 환경부 초대 강연에서, 나는 박경리 선생님이 돌아가시기 전 해주신 말씀을 토대로 또 다른 제안을 했다. 박경리 선생님은 내게 환경부의 작명이 잘못됐다고 지적하셨다. 부처의 이름이 환경이다 보니 정작 알맹이, 즉 생물은 쏙 빼놓고 둘러싸고 있는 환環의 지경境만 들여다보고 있다고 짚으셨다. 환경의 사전적 뜻풀이가 "사람이나 동식물의 생존에 영향을 미치는 눈·비·바람 등의 기후적 조건이나 산·강·바다·공기·햇빛·흙 등의 초자연적 조건"이다 보니 자꾸 온도·습도·BODBiochemical Oxygen Demand(생화학적 산소 요구량) 같은 것만 측정할 뿐 정작 사람이나 동식물이 환경과 무슨 관계를 맺으며 살아가고 있는지는 살피지 못한다는 말씀이셨다. 그래서 '환경부'라 하지 말고 '생태부'라 했으면 좋겠다고 하셨다.

나는 강연에서 다른 정부 부처들은 새 정부가 들어설 때마다 명칭을 바꾸며 나름대로 쇄신을 도모하는데 왜 환경부는 한 번도 그런 노력을 하지 않느냐 지적하며 '생태환경부'로 개명할 것을 제안했다. 환경부라는 이름이 은연중에 그리 만드는지는 모르겠지만 왠지 부서의 주된 업무가 자꾸 사후 처리나 규제에만 치중하는 것 같다. 이제는 환경 오염과 파괴가 생기지 않도록 원천적으로 자연환경을 보호하고 시민 삶의 질을 높이는 선제적 활동을 해야 한다. 교육부 장관이 겸하고 있는 사회부총리를 환경부 장관이 맡는 것도 좋은 방안이 될 수 있다. 그러면 경제부총리와 더불어 개발과 보전의 균형을 맞출 수 있을지 모른다.

팬데믹의
일상화

1
야생동물 수난 시대

천산갑의 비늘 뽑다가 큰코다친 인간

코로나19 대유행pandemic은 2021년 2월 초 현재 세계적으로 1억만 명 이상이 감염됐고 200만 명 이상 사망한 것으로 집계됐다. 그런데 이 가공할 사건은 한낱 야생동물을 함부로 다루다가 벌어진 일이다. 아무리 생각해도 참으로 어처구니없는 일이다. 지금까지 알려진 바에 따르면 사건은 대충 다음과 같은 시나리오에 따른다. 중국 후베이성에 사는 어떤 이가 천산갑의 비늘을 뽑다가 그 체액에 들어 있던 코로나바이러스SARS-CoV-2에 감염된 채로 우한 화난 시장에 나타나 몇몇 사람들에게 바이러스를 옮기고, 그 사람들이 우한 지역 전역에 전파하고 일부는 중국의 다른 지역, 또 일부는 비행기를 타고 우리나라, 미국, 이탈리아, 심지

어 지구 반대편에 있는 브라질까지 이동하며 전 세계로 확산시킨 것이다. 중국 화난농업대학의 연구에 따르면 코로나19 바이러스는 박쥐에서 천산갑을 거쳐 인간으로 전파됐을 것이란다. 다양한 야생동물에서 추출한 시료들을 검사한 결과 천산갑에서 나온 바이러스의 유전체 염기 서열이 코로나19 바이러스의 서열과 99퍼센트 일치한다고 밝혔다. 연구진이 분석한 천산갑 시료가 우한 화난 시장에서 나온 것이 아니라서 직접적인 경로가 판명되지는 않았지만 천산갑이 중간 숙주일 가능성은 충분해졌다.

그런데 그 최초의 누군가는 무슨 연유로 천산갑을 건드린 것일까? 천산갑은 개미핥기의 일종인데, 아메리카 대륙에 사는 종들은 다른 포유류와 마찬가지로 온몸이 털로 뒤덮여 있는 데 반해 대만과 중국 남부, 동남아시아와 아프리카 일부에 서식하는 개미핥기의 경우에는 진화의 역사를 통해 특이하게 머리·몸·다리·꼬리 윗면을 덮고 있는 털들이 비늘로 변했다. 길이가 30~40센티미터에 이르는 긴 혀로 주로 개미나 흰개미를 잡아먹으며, 위협을 느끼면 마치 솔방울의 솔씨처럼 켜켜이 덮여 있는 비늘을 공처럼 동그랗게 말아 방어한다.

중국에서는 예로부터 천산갑의 비늘을 갈아 먹으면 종기가 가라앉고 혈액 순환에 좋다 하여 한약재로 사용해왔다. 이 때문에 천산갑은 멸종 위기종으로 분류되어 있는데도 대량으로 포획돼 중국으로 밀반입되고 있다. 실제로 천산갑은 '멸종 위기 야생동식물 국제 교역에 관한 협약CITES: Convention on International Trade in Endangered Species of Wild Fauna and Flora'이 선정한 최악의 멸종 위기 다섯 동물(코끼리, 코뿔소, 상어, 호랑이, 천산갑) 중에서 가장 많이 불법으로 포획되는 동물이다. 지난 10년 동안 무려 100만 마리가 포획돼 중국에 밀매된 것으로 알려져 있다.

천산갑 비늘의 화학 성분은 머리털·손톱·발톱·피부 등 상피 구조의 기본을 형성하는 각질 단백질 케라틴이다. 비싼 돈 주고 어렵게 구한 천산갑 비늘은 화학적으로 볼 때 가끔씩 깎아 버리는 우리 손톱이나 발톱과 진배없다. 아무리 뜯어봐도 딱히 약재로 쓸 만한 게 없어 보이는데 언제부턴가 뜬금없게도 정력에 좋다는 소문까지 나돌아 중국에서는 밀수하다 적발된 천산갑 비늘이 때로 수십 톤에 달한다고 한다. 참으로 어처구니없는 일이다. 케라틴 쪼가리 떼려다 바이러스 혹 붙여 올 까닭이 무엇인가? 천산갑도 살리고 우

리도 살기 위해 전 세계인을 상대로 캠페인이라도 벌이고 싶다. 천산갑 비늘 성분은 손톱, 발톱이나 다름없다고 중국에 가서 홍보라도 해야 하나. 천산갑 비늘을 뽑는 일은 하지 말아달라고 간청하면 어떨까 싶다.

오래전 나는 '숲으로 낸 길은 언제나 파멸에 이른다'라는 주제의 에세이를 쓴 적이 있다. 여기서 내가 말한 길은 원주민들이 숲에 드나들며 발로 밟아 만든 좁은 오솔길이 아니다. 목재회사들이 큰 아름드리 나무들을 베어내기 위해 숲속 깊은 곳까지 대형 트럭이 서로 비껴 다닐 수 있도록 거의 고속도로 수준으로 낸 길을 말한다. 평생 열대우림을 헤집으며 연구한 나는 잘 안다. 오르락내리락 구불구불 오솔길로는 하루에 몇 킬로미터 이상 다니기 힘들다. 하지만 목재회사들이 내준 길을 따라가면 숲속 훨씬 깊은 곳까지 들어갈 수 있다. 케냐 나이로비 같은 아프리카의 큰 도시에서는 '멧고기bushmeat(원숭이, 박쥐 등 야생동물 고기)'를 요리해 파는 음식점이 성행한다. 멧고기는 원래 원주민들이 단백질을 보충하려고 사냥해 먹던 것인데, 언제부턴가 아프리카의 큰 도시에는 여행객들의 호기심을 충족시키기 위한 전문 음식점이 생겨났다. 이제는 아예 파리나 런던 같은 유럽 대도시에서도 버젓이 영업하고 있다. 그런 곳에 고기를 납품하기 위해 오지의 원주민들이 숲을 들쑤시는 바람에 생면부지의 바이러스가 예전보다 훨씬 자주 인간 세계로 불려 나오고 있다. 우리가 사육한 고기보다 멧고기의 맛이 더 좋을 리는 거의 없다. 게다가 우리는 그동안 소, 돼지, 닭 등을 사육하며 육질을 향상시킨 것은 물론, 위험한 기생충과 병원체를 제거해 비교적 안전한 먹거리로 만들었다. 가끔 야생동물 포획 현장에서 그들의 목을 따고 피를 들이켜는 사람들도 있는데, 걸쭉한 병원체 칵테일을 입안에 털어 넣는 그들의 객기는 그야말로 어리석음의 극치이다. 음력 3월 3일은 강남에 갔던 제비가 돌아온다는 삼짇날이지만 양력으로 3월 3일은 유엔UN이 정한 '세계 야생동식물의 날World Wildlife Day'이다. 야생동식물을 보호하는 일이 우리를 살리는 일이다.

2
질병의 생태와 진화

바이러스도 인간과 공진화한다

나는 몇 년 전부터 '인간은 왜 병에 걸리는가'라는 주제로 K-MOOC 온라인 수업을 하고 있다. 내 정규 수업 '환경과 인간'은 수강생이 적어 종종 폐강 위기에 놓이곤 하지만 이 온라인 수업은 수강 신청 기간이 시작되기 무섭게 200명 정원이 삽시간에 차버린다. 그러던 것이 코로나19가 터지고 난 이후 2020년 봄과 가을 학기에는 더 많은 학생들이 몰려들어 증원 요청이 빗발쳤다. 나는 이 수업에 '질병의 생태와 진화'라는 부제를 달았다. 그런데 요즘 와서 생각해보니 '진화'라는 말보다 아예 '공진화co-evolution'라고 쓸걸 그랬다. 이 세상 모든 진화는 공진화이다. 1960년대 중반 저명한 생태학자 피터 레이븐Peter Raven과 댄 잰슨Daniel

Janzen 등이 나비와 식물 그리고 식물과 개미가 서로에게 의존하며 함께 진화한다는 주장을 처음 내놓았을 때 생물학자들은 대체로 회의적이었다. 나도 그랬다. 그러나 지금은 다르다. 생태계 구성원 모두 먹이사슬과 사회관계망으로 얽혀 있는 마당에 다른 생물과 아무런 연계 없이 홀로 진화하기가 오히려 불가능하다는 것을 우리 모두 잘 알고 있다.

바이러스와 인간도 공진화한다. 미국 국립알레르기·전염병연구소 앤서니 파우치 Anthony Fauci 소장이 코로나19 바이러스가 변이를 일으켜 전파력이 여섯 배나 높아졌다고 발표했을 때 많은 사람이 공포에 휩싸였지만, 진화생물학자인 내게는 사뭇 희망적인 소식처럼 들렸다. 바이러스와 인간이 공진화하는 과정에서 바이러스가 드디어 숨 고르기 단계에 진입한 듯 보였기 때문이다. 실제로 세계 거의 모든 나라에서 코로나19의 치사율은 지속적으로 감소하고 있다. 미국 뉴욕과 유럽 여러 나라에서 2020년 7월 이후 환자 수가 다시 증가하고 있지만 사망자 수는 그에 비례해 늘지 않고 있다. 감염성 질병이란 원래 독성과 전염력의 양면성을 지닌다. 말라리아처럼 모기가 중간 매개체 역할을 해주는 간접 감염에 의한 질병의 경우에는 독성이 강할수록 더 손

쉽게 전파된다. 그러나 감기, 독감, 사스SARS, 메르스MERS, 그리고 코로나19 같은 직접 감염 질환의 경우에는 독성이 강하면 전염력이 떨어질 수밖에 없다. 독성이 지나치게 강한 바이러스는 이미 감염시킨 환자와 운명을 같이할 뿐 다른 사람에게 옮길 기회가 줄어들기 때문이다. 조기에 전파 경로만 차단하면 법정 전염병으로 확산되는 것을 능히 막을 수 있다.

최초의 바이러스성 대유행은 제1차 세계대전 중인 1918년에 발생한 스페인 독감이었다. 당시 세계 인구의 3분의 1이 감염돼 적어도 5천만 명이 사망했다. 제1차 세계대전 당시 참호 속에 다닥다닥 들러붙어 있던 연합군 병사들이 바이러스에 감염된 채 비행기를 타고 제가끔 본국으로 돌아가 애먼 사람들에게 옮기는 바람에 걷잡을 수 없이 번진 것이다. 스페인 독감 발병 약 40년 후인 1957년 아시아 독감으로 다시 200만 명, 그리고 그로부터 10년 뒤인 1968년 홍콩 독감으로 100만 명이 사망했다. 그러나 21세기에 들어와 세계를 떠들썩하게 한 코로나바이러스의 경우에는 2002년 사스와 2012년 메르스로 인한 사망자가 각기 1천 명을 넘지 않았다. 생명과학과 의학의 발달로 이제 우리는 매우 신속하게 상대가 누군지 파악하고 대응책을 마련할 수 있다.

이번 코로나19의 경우는 좀 달랐다. 코로나19 바이러스는 사뭇 위험한 조합을 갖췄다. 처음 감염되고 나서 며칠 동안은 증상을 느낄 수 없을 정도로 아주 조신하게 움직이는 바람에 사람은 감염된 줄도 모른 채 평소처럼 지인들을 만나며 바이러스를 널리 퍼뜨린다. 그러나 일단 기관지나 폐 등 장기로 진입하기 시작하면 무서운 속도로 증식해 감염된 사람들을 중증에 빠뜨린다.

코로나19 바이러스의 독특한 속성이 광범한 전파에 기여한 것은 사실이지만, 그럼에도 불구하고 나는 이번 팬데믹 역시 인재人災라고 생각한다. 중국 우한 정부의 초동 대응 실패와 중국 중앙 정부의 초기 은폐 시도가 사태를 감당하기 어려운 수준으로 키웠을 가능성을 배제할 수 없다. 게다가 이른바 선진국이라는 나라들의 시민 의식과 지적 수준은 믿을 수 없을 정도로 낮았다. "호미로 막을 것을 가래로 막는다"는 우리 옛말처럼 평범한 지역 유행병epidemic으로 끝날 수도 있었을 일을 전 지구적 대유행pandemic으로 키우고 말았다.

병원체란 본디 혼자선 살 수 없는 기생생물이다. 따라서 병원체는 본디 독성을 낮추는 방향으로 진화한다는 것이 학계 통념이었다. 숙주를 일찍 죽게 만들면 자기가 사는 집을 불태우는 셈이라는 논리이다. 포식동물은 먹잇감을 곧바로 죽여서 잡아먹지만 기생생물은 숙주를 서서히 죽이며 오랫동안 양분을 빨아먹도록 진화했다고 생각했다.

문제는 말라리아였다. 방역과 퇴치에 연 3조 원 남짓 쏟아붓건만 여전히 해마다 40만 명 이상 죽어나간다. 이 수수께끼는 1993년 미국의 진화생물학자 폴 이월드Paul W. Ewald가 《전염성 질병의 진화Evolution of Infectious Disease》에서 질병의 독성과 전염성은 역의 상관관계를 갖는다는 사실을 밝혀주면서 풀리기 시작했다. 독성이 너무 강해 자기가 감염시킨 숙주를 돌아다니지 못하게 만드는 병원체는 증식과 전파에 한계를 지닌다. 모기가 옮기는 말라리아 병원체는 숙주의 이동성을 걱정할 필요가 없다. 버젓이 피를 빠는 모기를 때려잡을 기력조차 없도록 만들어야 더욱 안전하고 쉽게 다음 숙주로 옮겨갈 수 있다. 모기가 중간 매개체로 병원체의 전파를 용이하게 만들면 독성이 높은 병원체도 높은 전염성을 유지할 수 있다. 간접 전염으로 인해 전파가 쉬워지면 독한 병원체가 고개를 든다. 방역을 철저히

해야 할 이유가 여기에 있다.

집단 면역herd immunity에 대한 오해가 도를 넘고 있다. 우리나라 일부 언론은 2020년 9월 첫 주 스웨덴의 하루 평균 확진자 수가 100명대 초반으로 떨어지자 스웨덴 방역 당국의 집단 면역 정책이 뒤늦게나마 긍정적 효과를 나타내는 것인지 모른다고 보도했다. 같은 시기 우리나라의 확진자 수도 동일하게 100명대 초반이었는데 연일 우리 정부의 방역이 총체적으로 실패했다며 질타했다. 참으로 어처구니없는 일이었다.

집단 면역을 얻는 방법에는 두 가지가 있다. 안전하고 효율적인 백신을 개발해 접종하는 것이 바람직한 방법이지만, 사회 구성원 대부분이 감염됐다가 회복되며 항체를 형성하는 방법도 있다. 수두는 다행히 훌륭한 백신이 개발돼 우리 모두 맞고 있지만 합병증이 생기지 않는 한 그리 치명적이지 않아 감염에 의한 집단 면역도 충분히 가능하다. 2017년 기준으로 볼 때 세계에서 23개국은 모든 아동에게 백신 접종을 권장하고 있고, 12개국에서는 고위험군 등 일부에게만 접종하고 있다. 그러나 코로나19는 사회적 감염에 의한 집단 면역을 시도할 수 있는 질병이 아니다.

많은 언론이 보도한 것과 달리 스웨덴 정부는 결코 집단 면역을 추구하지 않았다. 방역 전략의 3T에서 검사Testing 와 추적Tracing은 방역 영역이고 치료Treating는 의료의 영역이다. 의료 시스템의 역량을 감안할 때 봉쇄와 격리에 기반한 방역 시스템을 감당할 수 없다고 판단했다. 표면적으로 보면 방역과 경제, 두 마리 토끼를 쫓는 상황에서 균형의 추가 경제 쪽으로 좀 더 기운 셈이다. 하지만 그 결과, 2020년 9월 19일 현재 확진자 8만 8237명 중 5865명이 사망해 치사율이 6.65퍼센트에 이르자 정책 수정이 불가피해졌다. 반면 우리나라는 같은 시기에 확진자 2만 2893명 중 378명이 사망해 1.65퍼센트의 치사율을 기록했다. 사회적 감염으로 집단 면역을 얻으려면 구성원의 50~90퍼센트가 감염되고 최소 60퍼센트가 면역돼야 하는데, 그 과정에서 얼마나 많은 사람이 사망할지 가늠하기 어렵다.

사회적 집단 면역은 다분히 진화론적 발상이다. 야생동물 집단에서는 늘 벌어지는 일이다. 하지만 생명은 소중한 것이며 내 생명은 더욱 소중하다. 국가가 집단 면역 정책을 채택할 경우 사망하는 사람 중에 내가 포함될 수 있다. 진화는 낭비를 선택했다. 엄청나게 많이 태어나 대부분이 죽고 극

히 일부만 살아남아 번식에 이르는 게 냉혹한 진화의 현장
이다. 그 어느 정부도 함부로 진화적 정책을 추진해 국민의
목숨을 낭비해서는 안 된다.

3
행동 백신과 생태 백신

실험실에서 만든 백신보다 더 강력하고 현실적인 백신

코로나19 사태를 종식시키려면 어서 빨리 백신을 맞아야한다는 주장이 정답처럼 나돈다. 백신을 개발하려면 적어도 1~3년이 걸린다. 그것도 모든 조건이 기가 막히게 잘 맞아떨어졌을 때 그렇다. 우리가 해마다 맞고 있는 독감 백신의 효율성은 좋을 때에야 겨우 50퍼센트를 넘긴다. 독감 백신은 1940년대에 처음 개발됐지만 예방 효과를 현재 수준으로 끌어올리는 데에는 무려 70년이 걸렸다. 1980년대 여러 유명인의 목숨을 앗으며 전 세계를 공포로 몰아넣었던에이즈AIDS는 30년이 넘도록 여전히 백신이 개발되지 않고 있다. 게다가 만일 내가 예측하는 대로 사스, 메르스, 코로나19와 같은 인수 공통 바이러스의 창궐 시기가 점점 짧아져 3~5년마다 한 번씩 덮친다면 우리의 백신 개발 노력은 늘 뒷북을 칠 수밖에 없다. 백신의 안정성과 효과를 검증하려면 바이러스가 계속 유행하고 있어야 하는데, 수십만 명이 죽어나가고 세계 경제가 나락으로 곤두박질칠 무렵이면 바이러스의 위세는 저절로 한풀 꺾이기 마련이다. 이때쯤 되면 제약회사들은 당연히 손익 계산을 할 수밖에 없다. 사스와 메르스 백신이 개발되지 않은 것도 바로 이 때문이다.

지난 몇 달간 백신 연구하는 동료 과학자들이 이구동성으로 한 얘기가 있다. 이번 백신은 무조건 기네스북에 오를 것이라고. 기존의 백신은 개발 단계에서 보급에 이르기까지 줄잡아 10~15년 걸렸는데 이번에는 훨씬 짧아질 것만큼은 분명하다고. 그러더니 정말 믿어지지 않을 만큼 좋은 소식이 전해졌다. 세계적인 제약회사들이 백신을 내놓기 시작했다. 화이자와 모더나가 개발한 코로나19 백신의 효험이 90퍼센트를 넘는다. 독감 백신의 효험이 기껏해야 50퍼센트 수준인 걸 감안하면 정말 놀랄 만큼 좋은 백신이다. 어떻게 이처럼 빨리 효율적인 백신을 만들 수 있었을까? 첫째, 투자의 규모가 달랐다. 세계 80개국이 개발에 참여했고 미국 정부는 주요 제약회사에 100억 달러 이상 지원했다. 둘째, 전통적 행정 절차를 뛰어넘어 여러 단계를 한꺼번에 진행하는 병행 처리parallel processing 방식을 채택한 게 주효했다. 하지만 이보다 더 결정적으로 강력한 원인은 바로 기초 과학의 발전이다. 종전의 백신은 바이러스를 약화하거나 바이러스 단백질을 정제해서 만들었는데 이번 백신은 전령리보핵산mRNA으로 제작했다. 이 백신을 접종하면 실제로 병을 유발하지 않으면서 우리 면역계에 바이러스 유전정보를 전달해 미리 항체를 준비하도록 만든다. 우두에 걸린 사람의 종기에서 고름을 채취해 주입했던 에드워드 제너Edward Jenner의 종두법과 그 뒤를 이은 모든 '생체 백신'보다 당연히 안전성도 높을 것으로 기대한다.

거듭 밝히지만 내가 백신 개발에 반대하는 것은 결코 아니다. 나는 결코 백신 무용론자이거나 백신 반대론자가 아니다. 다만 앞으로 만일 이런 유행병 발생 주기가 불과 몇 년 간격으로 짧아지면 이번처럼 운 좋게 빠른 시일 내에 훌륭한 백신을 개발할 수 있다는 보장이 없다. 그래서 실험실에서 만들어내는 백신보다 더 강력하고 현실적인 백신이 있음을 알리고 싶을 뿐이다. '행동 백신behavior vaccine'과

'생태 백신eco-vaccine'이 그것이다. 손 씻기, 마스크 쓰기, 사회적 거리 두기 등 우리 국민이 이번에 세계에서 가장 모범적으로 잘 따르고 있는 방역 수칙이 바로 훌륭한 '행동 백신'이다. 코로나19 사태를 예견한 건 물론 아니지만 나는 즐겨 보던 TV 드라마 〈낭만닥터 김사부〉에서 배우 한석규가 수술실에 들어가기 전에 손을 씻는 모습이 괜히 매력적으로 보여 일찌감치 마치 외과의사 수준의 손 씻기를 습관처럼 하고 있었다. 손 씻기만 잘해도 소화기 관련 질병을 일으키는 온갖 세균과 노로바이러스, A형간염바이러스, 피부 화농을 유발하는 황색포도상구균 등의 진입을 예방할 수 있다. 코로나19로 힘들었지만 모두 손을 잘 씻은 덕에 오히려 잔병치레 없이 지내고 있는 게 사실이다.

우리 정부는 국민의 '행동 백신' 효율성을 높이기 위해 디지털 접촉자 추적digital contact tracing 시스템을 가동해 괄목할 만한 성공을 거뒀다. 중앙 정부가 나서서 개인 정보를 취합한다는 점에서 위법적일 수 있다는 국제사회의 비판에 나는 국제적 과학 리뷰 저널인 〈인퍼런스Inference〉에 '대한민국의 디지털 접촉자 추적Digital Contact Tracing in South Korea'라는 제목의 논문을 게재해 구글이나 애플 같은 민간

업체가 개발한 앱App을 사용하는 것보다 덜 침해적이라는 주장을 제시했다.

평소 알고 지내던 동료 외국 학자가 한글로 번역돼 나올 자신의 책에 서문을 썼는데 읽어줄 수 있겠냐 물어왔다. 기쁜 마음으로 수락하고 글을 받아 읽어 내려가는데 적이 불편한 대목이 있었다. 코로나19 사태에 대응하는 한국과 미국 사회를 비교하며 그는 한국은 집단주의collectivist 사회라서 방역 당국의 마스크 착용 지시를 잘 따랐지만 미국인은 워낙 개인주의 성향이 강해 통제하기 어렵다는 주장을 펼쳤다. 그렇지 않아도 K방역의 성공을 두고 국내에서도 이와 비슷한 평가를 내리는 이들을 종종 보았기 때문에 기분이 썩 좋지 않았다. 우리 문화가 유교를 바탕으로 형성됐기 때문에 우리 국민이 원래부터 순종적이라는 설명에서 일제강점기를 거치며 권력기관의 지침을 거역하지 못하도록 길들여졌다는 분석에 이르기까지 다양하다.

나는 이런 주장들이 굴종적임은 말할 나위도 없거니와 21세기 대한민국의 시대정신을 전혀 반영하지 못한다고 생각한다. 그 동료에게 장문의 반박문을 보냈다. 한국과 미국 사회의 시민 참여는 다름 아닌 민도 차이를 반영한다고 직

격탄을 날렸다. 대한민국 국민은 어느덧 바이러스의 속성과 방역 대책의 타당성에 관한 설명을 이해하고 스스로 판단해 올바르게 행동할 만큼 지적으로 성장했다. 당시 정은경 질병관리본부장(2020년 9월 12일 이후 '질병관리청장')이 TV에 나와 특유의 차분한 목소리로 바이러스의 속성과 현재 전파 상황을 설명하고 방역 지침을 알려주면 우리나라 5천만 국민은 모두 알아듣고 기꺼이 따랐다. 그에 비해 정부의 이동 제한 조치에 반발해 총을 들고 거리로 뛰쳐나온 몇몇 미국인의 행동은 아무리 봐도 이해력 부족에서 나온 것처럼 보인다. 그동안 선진국이라고 우러러봤던 미국 일반시민의 민도는 대한민국 국민의 민도에 훨씬 못 미친다는 걸 이번 기회에 확실히 깨달았다.

우리가 미세먼지 때문에 이미 오래전부터 마스크 착용에 익숙해 있던 것은 사실이다. 미세먼지 방지용 마스크 착용은 순전히 이기적 행동이다. 코로나19 상황은 좀 다르다. 황사나 미세먼지 때문에 마스크를 쓰는 것은 철저하게 나를 보호하기 위함이지만, 바이러스 때문이라면 내가 아니라 남을 위해 마스크를 쓴다는 인식이 깔려 있다. 저변에는 여전히 나를 보호하겠다는 이기적 동기가 깔려 있지만 이번에는 내가 남에게 바이러스를 옮기지 말아야겠다는 이타적 발로가 함께 작동한다. 그래서 자진해서 불편을 감수하며 기꺼이 착용한다. 대한민국은 더 이상 집단주의 사회가 아니다. 어느덧 우리 사회는 이타적 이기주의에 기반한 성숙한 개인주의 사회가 되어 있었다. 결국 내 동료는 이 부분을 서문에서 삭제했다.

최근 동서양 '마스크 문화'의 차이에 관해 장황하게 늘어놓는 이들이 있지만 결코 문화적 차이는 아니다. 실제로 의료용 마스크를 발명하고 착실히 사용했던 곳은 동양이 아니라 서양이다. 2020년 7월 4일 세계적인 의학 학술지 〈랜싯The Lancet〉에 실린 논문 '의료용 마스크의 역사와 일회용 소비 문화의 확산A history of the medical mask and the rise of throwaway culture'에 따르면, 1861년 파스퇴르Louis Pasteur가 공기 중에 박테리아가 떠다닌다는 사실을 발견한 이후 1897년 폴란드의 의사 요한 폰 미쿨리츠Johann von Mikulicz와 프랑스의 폴 베르제Paul Berger가 처음으로 천으로 코와 입을 가린 채 환자를 대하기 시작했다. 1863년에서 1969년 사이에 찍은 미국과 유럽의 수술실 사진을 분석해보니 1935년에 이르면 의료진 거의 모두 일상적으로 마스크를 착용한 것으로 드러났다. 미국과 유럽에서는 일반인도 스페인 독감 때에는 마스크를 쓰고 생활했다. 왜 갑자기 생각이 바뀐 것일까? 왜 그들은 돌연 마스크 쓰기를 거부하는 것일까? 나는 2001년 9·11테러사건이 촉발한 이슬람 혐오가 의식 변화를 이끌고 있다고 생각한다. 눈만 내놓고 얼굴의 상당 부분을 가리는 이슬람 풍속이 불행하게도 의료용 마스크 착용과 겹치며 코로나19 방역을 어렵게 만들고 있는 게 아닐까 싶다. 9·11테러사건의 여파는 어쩌면 우리 생각보다 훨씬 깊고 강력한 것인지도 모른다.

서양사람들은 "Knock on wood!"라는 표현을 자주 쓴다. 뭔가 질러댄 다음 "제발 부정 타지 않기 바란다"는 뜻으로 나무를 두 차례 두들긴다. 정확히 그런 심정으로 고백하건대, 나는 이번 코로나19 사태가 일어난 이래 지금까지 마스크를 단 한 장도 사지 않았다. 처방약 때문에 동네 단골약국에 들렀는데 약사 선생님이 마스크도 안 쓰고 다니냐며 한 장 주신 걸 사용하다가 언제부턴가 어느 시민단체에서 만들어준 톡톡한 면마스크를 주머니에 넣고 다닌다. 집에 돌아오면 손을 씻을 때 마스크도 함께 씻어 널어두었다가 다음 날 또 사용하며 살고 있다.

코로나19 사태 이전까지 미국의사협회는 심폐 기능이 저하된 노년층이나 허약한 아동들은 마스크 사용을 자제하라고 권고했다. 미세먼지가 기승을 부리던 지난 2018년 3월 13일 나는 〈조선일보〉 기명 칼럼에 다음과 같은 글을 썼다.

봄이 되어 날이 따뜻해지니 겨우내 움츠렸던 어깨가 펴지며 나도 모르게 심호흡을 하게 된다. 그러다 이내 화들짝 놀라며 짧은 숨을 몰아쉰다. 요즘 이 땅에 사는 누가 감히 미세먼지를 양껏 들이켜는 객기를 부린단 말인가? 지금으로부터 꼭 10년 전, 나는 어느 일간지에 우리가 어느덧 '새우숨'을 쉬며 살고 있다는 글을 실었다. '새우숨'이란 몸을 곱송그린 새우등 자세로 잠깐씩 눈을 붙이는 잠을 뜻하는 말인 '새우잠'을 본떠 내가 새로 만든 말이다. 어깨를 쫙 펴고 가슴 깊숙이 '고래숨'을 들이켜는 게 아니라 미세먼지 입자가 행여 허파꽈리에 들어와 박힐까 두려워 짧게 작은 숨을 몰아쉬는 걸 나는 '새우숨'이라 부른다. 도시에 사는 사람들이 뭐 그리 대단한 육체 노동을 하는 것도 아닌데 만성 피로에 시달리는 이유가 나는 '새우숨'으로 인해 몸에 충분한 산소가 공급되지 못하기 때문이 아닐까 의심해본다.

나는 거의 10년째 걸어서 출퇴근한다. 숨이 찰 정도의 속도로 30분쯤 걷는 거리이다. 요사이 부쩍 마스크를 착용하고 걷는 사람들을 많이 본다. 나는 마스크를 갖고는 다니지만 좀처럼 쓰지 않는다. 환경운동연합 공동 대표와 숲과나눔재단 이사장을 맡고 있는 장재연 교수의 논리에 찬성하기 때문이다. 그는 지나친 마스크 착용이 오히려 건강을 해칠 수 있다고 주장한다. 요즘 많이 사용하는 KF94 또는 KF99 마스크는 원래 산업용 마스크로 평균 0.4마이크론 크기의 입자를 각각 94퍼센트, 99퍼센트 이상 걸러낼 수 있단다. 그러나 미세먼지 차단 효과가 높을수록 숨 쉬기가 불편해진다. 그래서 나는 참다못해 벗어 던졌다. 비교적 건강한 나도 이럴진대 심폐 기능이 저조한 환자와 노약자나 임산부는 오죽하랴? 차단 효과는 아마 계측기계에 마스크를 밀착시켜 놓고 측정했을 것이다. 내 경험에 따르면 아무리 꼼꼼히 착용해도 마스크 가장자리로 밀려 들어오는 '고래숨'을 막을 길이 없다. 어쩌면 괜히 숨 쉬기만 불편할 뿐 미세먼지는 여전히 틈새로 비집고 들어오는 건 아닐까 싶다.

길에서 마주 보며 걸어오는 사람이 갑자기 내 얼굴에 재채기를 하거나 가래를 뱉을 위험을 배제할 순 없지만 길거리에서 마스크를 쓸 이유는 거의 없다. 특별히 혼잡한 곳이 아니라면 길거리를 걸으며 공기 중에 떠다니는 코로나19 바이러스에 감염될 확률은 거의 벼락 맞을 확률에 가깝다. 마스크 쓰기와 거리 두기를 정반대로 하는 사람이 적지 않다. 실내는 익숙한 공간이라고 생각해 은근슬쩍 마스크를 벗었다가 건물 밖으로 나서며 마스크를 쓰는 사람이 많다. 저만치에서 아는 분이 걸어오면 오히려 얼른 마스크를 꺼내 써야 한다. 그가 어젯밤에 클럽에 다녀왔는지 알 게 뭔가?

야외 캠핑장으로 휴가를 다녀온 여섯 가족 18명 중 아홉 명이 코로나19 양성 판정을 받자 정은경 질병관리청장은 "불특정 다수가 모이는 여행지, 해변, 캠핑장, 유흥 시설, 식당과 카페에서는 좀 과하다 싶을 정도로 마스크 착용과 거리 두기, 방역 수칙을 준수해달라"고 호소했다. 마스크 착용을 무작정 "과하다 싶을 정도로" 하라면 자칫 포기하는 사람이 많아져 상황을 더욱 악화시킬까 염려된다. 정 청장이 언제 어디서나 과하도록 마스크를 착용하라고 주문한 것은 아니다. 코로나19 사태가 장기전으로 들어가는 마당에 '슬기로운 마스크 생활'이 필요하다. 주야장천 마스크를 쓰고 있다가 정작 써야 할 때는 턱에 걸치는 어리석음은 피해야 한다.

날숨이 닿지 않거나 침이 튀지 않을 간격만 유지하면 대체로 안전하다. 바이러스가 아무리 작아도 중력을 거스를 순 없다. 사람들과 적절한 거리만 유지하면 된다. 그 적절한 거리가 대체로 2미터 정도이다. 한때 세계보건기구에서 사회적 거리 두기보다 더 확실하게 '물리적 거리 두기'를 해야 한다고 발표한 적이 있지만 나는 동의하지 않는다. 이 세상 모든 사람과 2미터 거리 두기를 할 필요는 없다. 그럴 수도 없다. 엄마가 돌보는 아기를 2미터 떼어놓을 수는 없다. 감염이 확진되기 전에는 부부 사이에 2미터를 뗄 이유가 없다. 누구와 거리를 둘 것인지는 사회적으로 결정하면 된다. 나는 이 거리를 '사랑의 간격'이라고 부른다. 2019년 공초문학상 수상자 유자효 시인의 시 〈거리〉는 사랑의 간격을 이렇게 묘사한다.

그를 향해 도는 별을
태양은 버리지 않고

그 별을 향해 도는

작은 별도 버리지 않는

그만 한 거리 있어야

끝이 없는 그리움

그래서 나는 코로나19 사태 한가운데에서 '행동 백신 접종 주간'을 제안한 바 있다.《전염성 질병의 진화》를 저술한 미국 루이빌대 이월드 교수는 에이즈바이러스가 극성을 부리던 무렵 독창적인 방역을 제안했다가 괜한 곤혹을 치렀다. 백신 개발비의 극히 일부를 떼어 콘돔과 주사기를 구입해 사람들에게 나눠주자고 제안했다. 성적으로 활발한 사람들에게 콘돔을, 그리고 마약중독자들에게 주사기를 무제한 공급해 바이러스의 전파를 차단하자는 '행동 백신' 정책 제안이었다. 치사율이 높아 전파력이 그리 크지 않던 에이즈바이러스가 성적으로 문란한 사람들과 마약중독자들 사이에서 걷잡을 수 없이 번지는 걸 막을 유력한 방편일 수 있었건만 의학계로부터는 철저하게 외면당했다. 말라리아 발병률을 가장 크게 낮춰준 게 대단한 치료제가 아니라 한낱 모기장이었는데.

산불도 진화된 줄 알고 방심하면 잔불들이 되살아나기 십상인데 바이러스는 더 말할 나위도 없다. 1918~1919년 줄잡아 5천만 명의 목숨을 앗아간 스페인 독감의 경우 2차 유행의 규모가 1차의 다섯 배를 웃돌았다. 2009년 신종플루 때에도 2차 대유행이 더 강력했다. 산불과 달리 바이러스는 완벽한 박멸이 애당초 불가능하다. 그 많은 전염성 바이러스 중에서 현대 의학이 퇴치에 성공한 것은 천연두 바이러스 하나뿐이다. 코로나19는 재유행 가능성이 특별히 높다. 초기 증상이 지극히 미약해 감염된 줄 모르고 마구 전파할 수 있기 때문이다. 그러나 언제 일어날지도 모를 2차 대유행을 염려해 마냥 '집콕' 생활을 계속할 수는 없는 노릇이다. 언젠가 TV 뉴스에서 인도 뉴델리 시민이 "이대로 굶어 죽느니 차라리 배불리 먹고 병 걸려 죽고 싶다"고 말하는 걸 들었다. 질병 퇴치에는 어느 정도 성공했는데 경제가 무너져 사회가 붕괴하면, 그건 결코 바람직한 방역이 아니다.

자칫 이월드 교수 신세처럼 될까 두렵지만, 사회가 유지되는 데 필요한 최소 인력만 남겨두고 나머지 국민은 모두 2주간 완벽한 사회적 거리를 유지할 것을 제안한다. 그러면 코로나19 바이러스는 더 이상 새로운 사람에게 옮겨가지 못한다. 그 기간 동안 증상이 나타나는 사람들만 병원에 격리해 치료하고 접촉 여부를 추적하면 환자는 현격하게 감소할 것이다. 물론 기본 수칙은 늘 따라야 하지만 한 번 리셋reset하고 가면 훨씬 홀가분하게 생활할 수 있다. 백신은 구성원 절대다수가 접종해야 효과가 있다. 전 국민이 '행동 백신'을 접종하면 지극히 단순한 방법으로 대단히 안전한 사회를 만들 수 있다.

아쉽게도 나의 이 같은 부르짖음은 한낱 대답 없는 메아리로 끝났다. 자영업자들은 차라리 빨리 3단계로 격상하고 화끈하게 마무리해달라고 요청한다. 정부가 방역에 단계를 설정하고 어정쩡하게 '2.5단계'라는 것까지 들고나와 시간을 끌면 국민의 심리적 불안은 커질 수밖에 없다. 끝이 보이는 고통은 잠시 이 악물고 참을 수 있지만 언제 끝날지 모를 지지부진한 고통은 정말 견디기 힘들다. 바이러스는 생물이 아니라서 스스로 감염 대상을 정하고 목표 지향적으로 진격하지 않는다. 무작정 백신만 기다릴 게 아니라 그들의 전파 경로만 확실하게 차단하면 이 끔찍한 악몽을 뜻밖에 간단히 끝낼 수 있다. 2주가 너무 길면 1주일만 해도 좋다. 코로나19 바이러스는 대개 사흘이면 본색을 드러낸다. 정부가 지정하는 필수 요원만 남고 전 국민이 1주일만 완벽한 사회적 거리 두기를 실시하면 바이러스의 대이동은 일단 막을 수 있다. 당분간 가족이 아닌 남과는 침이 튀거나 날숨이 덮치지 않을 만큼의 거리를 두자. 혐오의 거리가 아닌 사랑의 간격을 유지하자. 그러면 그리움도 끝이 없다.

　'행동 백신'보다 더 근본적이고 확실한 백신이 바로 '생태 백신'이다. 바이러스가 애당초 우리에게 건너오지 못하도록 야생동물을 건드리지 않으면 된다. 박쥐, 사향고양이, 낙타, 천산갑이 먼저 우리에게 악수를 청할 리 없다. 자연을 보호하는 것이 때로 개발하는 것보다 훨씬 경제적이다. 사실 '생태 백신'은 전혀 새로운 개념이 아니다. 그동안 제인 구달, 에드워드 윌슨, 데이비드 애튼버러 경Sir David Attenborough 등 수없이 많은 사람이 줄기차게 호소해왔다. 자연을 보호하는 게 궁극적으로 더 이롭다고. 하지만 대중은 귀 기울이지 않았다. 그러다 이런 엄청난 대재앙을 만난 것이다. 내가 그동안 귀가 아프도록 듣던 자연 보호의 구호를 '생태 백신'으로 개명한 것일 뿐이다. 거듭 강조하지만 백신은 모두 함께 맞아야 효과적이다. 그동안 그저 몇 사람만 자연 보호를 부르짖어왔다면 이제는 78억 세계인 거의 모두가 함께 자연을 존중하기 바란다는 마음에서 내가 새롭게 만든 용어이다. '생태 백신'이 정답이다.

'생태 백신'을 접종한다는 것은 자연과 우리의 관계를 재정립한다는 뜻이다. 자연과도 적절한 거리 두기를 하자는 제안이다. 그러나 우리에게 필요한 거의 모든 자원이 다 자연에서 나오는데 무작정 자연과 거리를 둘 수는 없는 노릇이다. 지금처럼 자연을 마구 훼손하고 야생동식물을 "너희의 손에 붙였음이라"라는 성경 말씀을 잘못 이해해 무례하게 다루는 태도를 멈추고 자연을 존중하며 살자는 다짐이다. 나는 2013년 7월 18일 '제돌이야생방류시민위원회' 위원장 자격으로 서울대공원에서 돌고래쇼를 하던 제돌이와 그의 친구 춘삼이와 삼팔이(삼팔이는 찢긴 가두리 그물 틈새로 조금 먼저 빠져나갔다)를 제주 바다로 돌려보냈다. 돌고래 야생 방류는 매우 큰 상징적 의미를 지닌다. 그동안 주로 부정적인 경우에 쓰인 표현이라 조금 저어되지만 그야말로 "단군 이래 최초"인 이 일로 인해 나는 우리 대한민국도 적극적으로 자연을 보호하는 선진국 대열에 합류했다고 생각한다. 선진국이란 단순히 경제력과 군사력으로만 가늠하는 게 아

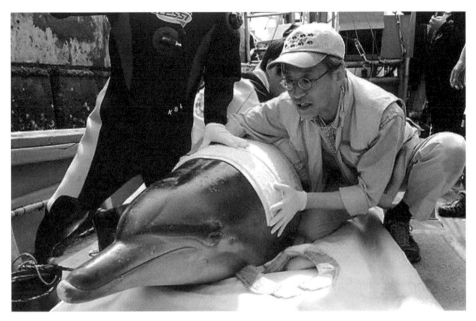

야생방류를 위해 바다로 이동 중인 제돌이   ⓒ서울대공원

니다. 자국민의 생활고나 해결하느라 여념이 없는 수준을 넘어 이 지구를 공유하고 사는 다른 생물의 권리까지 챙길 마음의 여유를 갖춘 국가가 진정한 선진국이다.

농민사상가 전우익 선생님은《혼자만 잘 살믄 무슨 재민겨》라는 책에서 인간이 이런 식으로 계속 자연을 훼손하다 보면 자칫 이 지구에 우리만 덩그러니 홀로 남을까 걱정하셨지만, 앨런 와이즈먼Alan Weisman은《인간 없는 세상The World Without Us》에서 인간이 사라지면 매우 빠른 속도로 문명의 흔적이 붕괴하며 자연이 복귀할 것이라고 단언한다. 코로나19 바이러스가 창궐해 사람들이 집에서 나오지 못하자 세계 곳곳에서 야생동물들이 도시를 활보했다. 호주에서는 캥거루들이 차도를 질주하고, 영국 웨일스에서는 산양들이 떼를 지어 시내 상점을 기웃거렸다. 남아프리카 크루거 국립공원에서는 사자 수십 마리가 아스팔트 도로 위에 드러누워 낮잠을 즐기고, 칠레 산티아고에서는 대낮에 퓨마가 길냥이처럼 도심 한복판을 어슬렁거렸다. 우리가 사라지면 이 지구에 무슨 일이 벌어질지 분명히 보여줬다. 단연코 훨씬 평화로워 보인다.

오랫동안 우리는 야생동물은 본디 야행성인 줄 알았다. 많은 야생 척추동물의 눈에는 인간 눈에는 없는 특수한 반사판tapetum이 있어서 망막을 통과한 빛이 이 반사판에 부딪혀 다시 망막으로 되돌아오면 밝기가 거의 두 배가 된다는 연구 결과까지 들먹이며 그들은 원래부터 밤에 돌아다니기를 좋아한다고 설명했다. 그런데 알고 보니 그들이 우리보다 야간 시력이 탁월한 건 사실이지만 야행을 즐기는 건 아니었다. 아프리카 가봉의 표범들은 원래 하루 활동의 64퍼센트를 낮에 하는데, 인간의 사냥 활동이 활발한 지역에서는 야행 비율이 무려 93퍼센트로 치솟았다. 폴란드 멧돼지들은 인적이 드문 숲속에서는 야행 비중이 48퍼센트에 지나지 않지만 도시 인근에서는 90퍼센트에 이른다. 알래스카 불곰들도 생태 관광이 성행하면 76퍼센트가 밤에 돌아다니다가 관광객이 사라지면 그 비율이 33퍼센트로 준다. 그들이 일거수일투족을 늘 예의주시하고 있다가 인간이 보이지 않자 백주에 아무런 스스럼없이 우리 생활공간을 차지하는 모습을 우리는 또렷이 지켜보았다.

4
누구에게나 공평한 바이러스

모든 인간은 바이러스 앞에 평등하다

코로나19 바이러스가 창궐하자 부자들은 혼잡한 도심을 떠나 한적한 시골 별장으로 피접했다. 서양의 거부들은 아예 요트를 타고 육지를 떠나거나 무인도를 통째로 사서 잠시 거처를 옮겼단다. 그러나 이는 결코 현명한 처사가 아니다. 스스로를 고립시킨 후 평소 안 하던 집안일을 직접 하지 않는 한 시중들 사람들은 여전히 드나들어야 한다. 코로나19 바이러스는 쥐나 공기가 아니라 사람이 옮긴다. 게다가 최고의 병원은 무인도가 아니라 도심 한복판에 있다. 코로나19 사태를 겪으며 우리 모두 확실하게 깨달은 교훈이 있다. 나만 풍족하고 안전하다고 해서 팬데믹이 끝나는 게 아니라는 걸. 사회적 약자들도 질병의 위험에서 벗어나야 우리 모두의 삶이 정상으로 돌아온다. 방역을 잘했다고 평가받던 싱가포르도 외국인 노동자들을 제대로 돌보지 않아 다시 무너졌다. "빨리 가려면 혼자 가도 되지만 멀리 가려면 함께 가야 한다"는 아프리카 속담처럼 코로나19는 우리에게 함께 가야 한다고 가르친다.

철저한 개인 위생은 기본이고 조금이라도 의심스러운 증상이 나타나면 스스로 격리하고 방역 당국에 신고해 지침을 따라야 한다. 투표가 민주제도의 전부가 아니다. 질병을 대하는 자세에도 민주화가 필요하다. 그런데 이처럼 사회 구성원 모두가 엄청난 고통을 감수하며 정부의 방역 정책을 따르는데 자기만 편하자고 수칙을 지키지 않거나 검증되지 않은 논리를 앞세우며 반대를 위한 반대를 하는 행위는 규탄받아 마땅하다. 앞서 말했지만 나는 야외에서는 사람들과 밀집해 있는 상황이 아니라면 구태여 마스크를 쓸 필요 없다고 글도 쓰고 강연도 한 사람이지만 정부가 방역 단계를 높이며 야외에서도 마스크 착용을 권장했을 때에는 기꺼이 동참했다. 설령 사회나 국가가 내가 믿는 바와 다른 결정을 하더라도 사회의 구성원으로서 때로는 내 주장을 거두는 게 민주시민의 올바른 태도라고 생각하기 때문이다. 쓸데

없는 객기를 부리며 마스크 착용을 거부하다 코로나19 바이러스에 감염돼 국정 공백을 초래한 영국의 존슨 총리와 미국의 트럼프 대통령은 국가 지도자로서 자격을 의심할 수밖에 없는 무책임한 행동을 저질렀다. 우리나라에서는 일반 국민은 소규모 모임도 자제하며 국가 방역 정책에 동참하고 있는데 무절제한 대규모 집회를 강행한 일부 종교인과 종교 단체, 그리고 보수 성향의 정치인과 단체들에게도 응분의 책임을 물어야 한다. 사회 정상화를 손꼽아 기다리는 학생들과 소상공인을 비롯한 많은 근로자들에게 그들의 철없는 반사회적 행동이 얼마나 큰 피해를 주고 있는지 그들은 알고 있을까? 아무리 치명적인 유행병이라도 성숙한 민주시민을 거꾸러뜨릴 수는 없는 법이건만 이런 유대를 깨뜨리는 일부 시민들의 행위는 용서받을 수 없다.

내가 정말 존경하는 경제학자인 새뮤얼 보울스Samuel Bowles 교수가 2020년 6월 3일 서울시가 주최한 '글로벌 서밋 2020'에서 팬데믹과 기후 위기 상황에서 도덕경제학의 중요성에 대해 온라인 강의를 했다. 그는 인간의 모든 행위에 가격을 매기는 '야수 자본주의' 체제에서는 도덕적 무관심과 이기심이 점점 더 기승을 부릴 수밖에 없다고 강조

했다. 코로나19는 우리에게 선한 시민이 선하게 살 수 있는 사회를 만들라고 요구한다. 일찍이 경제학이 애덤 스미스Adam Smith의 《국부론The Wealth of Nations》(1776)이 아니라 그보다 17년 전에 출간된 《도덕감정론The Theory of Moral Sentiments》(1759)에서 출발했더라면 자본주의는 지금보다 훨씬 따뜻할 것이다. 2012년에는 철학자 마이클 샌델Michael Sandel의 《돈으로 살 수 없는 것들What Money Can't Buy》이, 그리고 2020년에는 보울스의 《도덕경제학The Moral Economy》이 번역돼 나왔다. 그동안 시장이 무자비하게 밀어낸 도덕을 이제 경제학이 되찾아야 한다. 《도덕경제학》의 부제 "왜 경제적 인센티브는 선한 시민을 대체할 수 없는가"가 말해주듯 섣부른 경제적 인센티브로는 인간의 선한 본성을 대체할 수 없다.

세상에는 기본적으로 세 부류의 사람이 있다. 철저하게 이기적인 사람, 거의 맹목적으로 이타적인 사람, 그리고 보응적報應的, reciprocal인 사람. 행동경제학 연구에 따르면 이타적 성자는 극히 드물고 철저한 이기주의자도 좀처럼 전체의 5분의 1에서 3분의 1을 넘지 않는다. 압도적 다수는 대체로 양심적이며 때론 손해를 감수하면서도 부당한 행위자를 기꺼이 응징한다. 열심히 번 돈의 일부를 성실하게 세금으로 헌납해 국가가 취약 계층을 보살피게 하고, 내 한 표가 세상을 한꺼번에 바꾸지 못한다는 사실을 잘 알면서도 기꺼이 투표장에 나타나 신성한 한 표를 행사하는 평범한 시민이 다름 아닌 보응적 인간이다. 우리 사회의 절대다수인 이런 보응적 인간이 보듬고 지키는 가치가 바로 사회적 가치이다. 다시 말하면, "사회 전체가 같이 지켜야 할 가치"를 의미한다. 더운 날씨에도 불구하고 혹여 남에게 바이러스를 옮길까 두려워 성실하게 마스크를 썼던 우리 국민의 행위는 바로 사회적 가치를 인식하고 존중하는 데에서 나온다.

자연은 언뜻 생각하기에 모든 것이 경쟁으로만 이루어져 있는 것 같지만 사실 그 속에 사는 생물들은 무수히 많은 다른 방법으로 제가끔 자리를 잡았다. 어떤 생물들은 반드시 남을 잡아먹어야만 살 수 있는 것들이 있는가 하면(포식predation), 모기나 바이러스처럼 남에게 빌붙어 살아야 하는 것들도 있다(기생parasitism). 경쟁 관계에 있는 두 생물이 서로에게 동시에 얼마간의 피해를 주는 반면 포식과 기생을 하는 생물은 남에게 피해를 줘야만 자기가 이득을 얻는다. 하지만 자연은 이렇게 꼭 남을 해쳐야만 살아갈 수 있는 곳이 아니다. 상당히 많은 생물들이 서로 도움helping을 주고받아 그 주변에서 아직 협동cooperation의 아름다움과 힘을 깨닫지 못한 다른 생물들보다 오히려 훨씬 더 잘 살게 된 경우도 허다하다. 이걸 우리는 공생symbiosis 또는 상리공생mutualism이라 부른다. 예를 들자면 개미와 진딧물, 벌과 꽃을 피우는 식물, 과일(씨를 포장하고 있는 당분)과 과일을 먹고 먼 곳에 가서 배설해주는 동물 등등 다양하다. 예전의 생태학은 늘 경쟁, 즉 '눈에는 눈' 또는 '이에는 이' 식의 미움, 질시, 권모 등이 우리 삶을 지배한다고 가르쳤지만 이젠 자연도 사랑, 희생, 화해, 평화 등을 품고 있음을 인식한다. 모두가 팽팽하게 경쟁만 하며 종종 서로 손해를 보며 사는 사회에서 서로 도우며 함께 잘 사는 방법을 터득한 생물들도 뜻밖에 많다는 사실을 발견하게 됐다. 경쟁 관계에 있는 생물들이 기껏해야 제로섬 게임을 하는 데 비해 어우름을 실천하는 생물들은 그 한계를 넘어 더 큰 발전을 할 수 있다. 코로나19가 인간에게 공생과 연대의 정신을 가르쳤다.

코로나19 방역 과정에서 우리는 흔히 박멸extermination, 섬멸annihilation, 퇴치eradication 또는 종식cessation 등의 표

현을 사용한다. 카네기멜론대 역사학과 교수 에드먼드 러셀Edmund Russell은 그의 저서 《전쟁과 자연War and Nature》에서 우리가 이런 용어들을 이미 해충 구제 현장에서 사용했다고 지적한다. 그런데 거기가 시작이 아니었다. 그는 이 용어들이 모두 전쟁터에서 온 것임을 일깨웠다. 그러나 해충이나 병원체를 대할 때에는 군사 전략을 수행하는 게 아니라 경찰 활동을 벌여야 한다. 군대는 적진으로 쳐들어가 적을 박멸하고 퇴치해 전쟁을 종식시키는 게 목표지만 경찰의 임무는 질서 유지와 시민 안전이다. 그래서 경찰은 사건 현장에 폴리스 라인을 치고 상황을 안정화시키고 시민을 안전하게 보호하는 활동을 한다. 코로나19 바이러스와 전쟁을 선포하고 마지막 하나까지 악착같이 섬멸하는 게 목표라면, 그 전쟁은 상당히 오래 걸리거나 영원히 끝나지 않을 수도 있다. 바이러스와 해충을 상대로 하는 전쟁은 진화적으로 해야 한다.

코로나19 바이러스를 박멸하거나 퇴치해 사태를 종식시키는 게 아니라 공존해야 한다는 게 무슨 뜻일까? 감기도 코로나바이러스가 일으키는 질병이다. 감기 바이러스가 인류를 공격하기 시작하던 초창기에는 아마 많은 사람을 죽였을 것이다. 그러나 시간이 흐르면서 독성이 강한 바이러스 변이는 이미 감염시킨 사람과 함께 스러지고, 감염됐어도 생명에는 별 지장이 없는 사람들은 비교적 온건한 바이러스를 옮기며 함께 살게 된 것이다. 우리나라처럼 방역을 철저하게 하거나 미국과 브라질처럼 많은 사람이 죽고 나면 독성이 강한 변이는 저절로 자연선택 과정에서 도태되고 상대적으로 약한 변이가 득세하게 되어 있다. 한 명만 확진되어도 직장이나 학교를 폐쇄하고 주변 모든 사람을 조사하는 정책이 언제나 최선의 방책인지 검토해야 한다. 한반도 공기에서 코로나19 바이러스를 완벽하게 제거하고 대한민국 국민 중 단 한 명의 몸에서도 바이러스가 발견되지 않을 때까지 국가 방역 시스템을 밀고 가야 한다면 결국 모두가 지쳐 쓰러질 것이다. 코로나19는 무증상 감염자가 많아 '확진자 치사율case fatality rate'만으로는 병의 위험도를 평가하기 어렵다. 이제는 검사를 받은 사람 중에서 사망한 사람의 비율을 나타내는 확진자 치사율이 아니라 무작위적 혈청 검사 등으로 실제로 감염돼 있을 사람의 수를 추정하고 그중에서 사망하는 확률을 나타내는 '감염자 치사율infection fatality rate'로 위험도를 평가하며 지속 가능한 장기 전략을 세워야 한다. 그래야 바이러스의 실제 심각성을 가늠할 수 있다. 바이러스는 이미 우리에게 적응하기 시작했는데, 그래서 조심스레 '불편한 동거'를 제안하고 있는데, 우리가 너무 냉정하게 뿌리치고 있는 건 아닌지 검토할 필요가 있다. 변화는 함께해야 쉽다.

Good
morning
Good
night

기후변화의
위기

1
기후의 Y2K

시간이 얼마 남지 않았다

21세기의 시작을 뒤흔든 Y2K 사건이 있었다. 지난 밀레니엄이 끝나가던 1990년대 말 우리가 사용하던 컴퓨터가 연대를 대체로 마지막 두 자릿수로만 인식하도록 설계되어 있기 때문에 새 밀레니엄이 시작되는 2000년 벽두에 2000년이 1900년으로 잘못 인식되어 대혼란이 일어날 것이라고 우려했다. 이 때문에 이른바 밀레니엄 버그Millennium bug를 제거할 수 있는 프로그램을 개발해 모든 컴퓨터에 설치하느라 야단법석을 떨었다. 이런 가능성을 제일 먼저 제기해 본의 아니게 전 세계를 공포에 떨게 만든 로버트 베머Robert Bemer는 2004년 6월 22일 조용히 세상을 떠났다. 그는 컴퓨터 기계언어 ASCII 코드를 공동 개발한 사람이었다. IT 시대를 가능하게 한 공로로 상을 받기는커녕 괜한 공포를 조장했다는 비난 때문에 이 세상을 떠나는 길이 유달리 쓸쓸했다. 실상은 그의 경고 덕에 우리가 뒤늦게나마 온갖 노력을 기울여 위기를 모면한 것일 텐데 말이다. 나는 기후변화 상황에도 'Y2K'가 필요하다고 생각한다. 그래서 우리 모두 지나치다 싶을 정도로 대응해 이 엄청난 기후 위기를 슬기롭게 벗어났으면 한다. 필요하다면 나는 기꺼이 기후의 베머가 되련다.

간단한 생각 실험을 해보자. 어느 작은 연못에 물벼룩 한 마리가 살고 있었다. 단위생식을 하는 이 물벼룩은 정오에 한 마리가 있었는데 1분에 한 번씩 번식하여 12시 1분에는 두 마리, 2분에는 네 마리, 3분에는 여덟 마리로 늘어나더니 자정에는 결국 온 연못을 꽉 채우고 모두 죽고 말았다. 그렇다면 연못의 절반만 채워져 있었을 때는 언제인가? 그렇다. 11시 59분이었다. 실제로는 이런 일이 벌어졌다. 날로 심각해지는 연못의 환경문제를 놓고 물벼룩들이 논쟁을 벌이기 시작했다. 한 물벼룩은 "우리의 기술이 빠르게 발전하고 있으니 곧 해결책을 찾을 수 있을 것"이라고 했다. "연못 전체가 곧 꽉 찰 것이라고 예측하기에는 아직 데이터가 충분하지 않다" "미래가 너무 불투명하여 어떤 행동을 취하기에는 아직 이른 것 같다" 등등 의견이 분분했다. 그러는 동안 시곗바늘은 재깍재깍 자정에 거의 다가서고 있었다. 시간이 얼마 남지 않았다.

2000년 8월 28~31일 동안 무려 2천 명의 세계 종교 및 정신적인 지도자들이 유엔에 모여 밀레니엄 세계평화 정상회담Millennium World Peace Summit을 열었다. 이 회담에서 앙가앙가크 라이베르트Angaanagaq Lyberth라는 이름의 에스키모 족장은 다음과 같은 유명한 연설을 했다.

지금으로부터 거의 10년 전 한 에스키모 사람이 우리 마을에 와서 이상한 현상에 대해 알려주었습니다. 빙벽에 물줄기가 흐른다는 것이었습니다. 그는 빙하가 녹고 있는 것 같다고 말했습니다. 이제 그 가느다란 물줄기는 냇물이 되어 흐릅니다. 그래서 저는 여러분에게 이렇게 말하렵니다. 우리가 여기 모여 앉아 얘기를 나누며 평화를 다짐하고 있는 이 순간에도 얼음이 녹고 있다는 사실을 기억하기 바랍니다. 얼음이 녹고 있습니다. 저 북쪽에서 우리는 남쪽의 당신들이 매일 무엇을 하는지 알고 있습니다. 저 북쪽에는 얼음이 녹고 있습니다. 제가 어떻게 하면 당신들의 마음속에 있는 얼음을 녹일 수 있겠습니까?

그로부터 10여 년이 흐르자 빙하 위를 흐르던 냇물은 폭포가 되어 거대한 빙벽을 통째로 무너뜨리기 시작했다. 2013년 2월 세계무역기구WTO의 볼리비아 대사 앙헬리카 나바로 야노스Angélica Navarro Llanos는 유엔 기후변화 회의에서 다음과 같이 경고했다.

작은 섬과 최저개발국, 내륙국과 브라질, 인도, 중국을 비롯하여 세계 전역의 취약한 공동체에 속한 수백만 인구는 기후변화의 원인을 제공한 일이 없음에도 기후변화로 인해 고통받고 있습니다. (…) 향후 10년 안에 급격한 온실기체 감축을 달성하기 위해서는 역사상 유례를 찾아볼 수 없을 만한 대규모 계획을 시행해야 합니다. 바로 지구를 위한 마셜플랜입니다. 이 플랜에 따라 우리는 사상 최대 규모의 자금 조달과 기술 이전을 조직해야 합니다. 온실기체를 감축하는 동시에 생활의 질을 향상시키기 위해 모든 나라에서 기술적 약진이 이뤄져야 합니다. 이제 우리 앞에

남은 시간은 딱 10년뿐입니다.

그가 이 연설을 한 때가 2013년이니 남은 시간 10년도 이제 거의 다 지나갔다. 2011년 남아프리카공화국 더반에서 열린 유엔 기후변화 회의에서 캐나다 대학생 안잘리 아파두라이Anjali Apadurai가 각국 대표들에게 던진 말이 가슴에 와닿는다. "당신들은 내가 태어났을 때부터 지금까지 줄곧 협상만 하고 있습니다."

캐나다의 저널리스트이자 작가인 나오미 클라인Naomi Klein은 그의 베스트셀러 《이것이 모든 것을 바꾼다This Changes Everything》에서 이렇게 지적한다.

노예제 폐지 운동이 대중적으로 확산되기 전까지, 영국과 미국의 엘리트들은 노예제를 위기로 취급하지 않았다. 흑인 민권 운동이 대중적으로 확산되기 전까지, 그들은 인종 차별을 위기로 취급하지 않았다. 여권 운동이 대중적으로 확산되기 전까지, 그들은 성 차별을 위기로 취급하지 않았다. 아파르트헤이트 반대 운동이 대중적으로 확산되기 전까지, 엘리트들은 아파르트헤이트를 위기로 취급하지 않았다. 기후변화 역시 마찬가지다. 많은 사람들이 외면의 눈길을 거두어 기후변화가 마셜플랜에 맞먹는 강력한 대응이 필요한 위기임을 선포한다면 기후변화는 위기가 될 것이며, 정치권은 마지못해서라도 이에 필요한 자원을 동원할 방도를 찾고 엘리트들의 이해관계가 위협받는 경우에는 자유 시장 원칙을 조정하는 등 기민한 대응에 나설 것이다.

영화배우 레오나르도 디카프리오Leonardo Dicaprio가 2016년 오스카 남우주연상을 수상하며 한 연설의 일부이다.

2015년 우리 모두가 함께 느낀 세계는 역사시대에서 가장 더운 해였습니다. 우리 제작진은 눈을 찾으러 이 행성의 최남단까지 갔어야 했습니다. 기후변화는 현실이며 바로 지금 벌어지고 있습니다. 우리 종 전체가 맞고 있는 가장 시급한 위험이며 우리 모두 힘을 합쳐야 하고 더 이상 미룰 수 없습니다. 오염의 주범들이나 거대 기업을 옹호하지 않고, 인류 전체를 위해, 세계 각지의 토착민들을 위해, 기후변화의 영향을 가장 크게 받을 수많은 불우한 사람들을 위해, 우리 아이들의 아이들을 위해, 그리고 탐욕의 정치에 의해 발언조차 하지 못하는 모든 사람들을 위해 일하는 세계 지도자들을 지지해야 합니다. 이 행성이 우리에게 당연히 주어진 게 아닙니다. 저는 오늘 밤을 당연하게 받아들이지 않습니다.

지난 10년 동안 세 번이나 남우주연상 후보에 올랐다가 낙마한 것에 대한 섭섭함은 한마디도 언급하지 않고 도움을 준 분들에 대한 짤막한 감사의 말을 뒤로하고 절반 이상을 할애하여 그 어떤 환경운동가보다 강렬한 메시지를 전달한 명연설이었다.

2008년 2월 22일 환경재단이 주축이 되어 세계에서 최초로 기후변화센터Climate Change Center가 설립됐다. 정부가 뭉그적거리는 와중에 다행히 시민단체가 나섰다. 상공회의소에서 열린 창립기념식에는 그야말로 대한민국 사회 거의 모든 분야의 내로라하는 지도층 인사들이 다 모여들었다. 보수와 진보, 개발과 보전, 여당과 야당 할 것 없이 우리 사회를 구분하는 거의 모든 경계들이 완벽하게 허물어진 화합의 장을 기후변화라는 공동의 관심사가 만들어내는 걸 보며 큰 감동을 받았다. 기후변화센터의 공동대표를 수락하며 내가 제일 먼저 생각한 것이 바로 기후변화에 관한 책을 만드는 일이었다. 그래서 2011년 나는 기후와 생태계 연구 분야의 우리나라 최고 전문가 30여 분을 모시고《기후변화 교과서》를 출간했다.

기후변화가 인간의 활동에 의해 일어난다는 것을 과학적으로 밝힌 최초의 연구는 1824년 프랑스의 수학자이자 물리학자인 장바티스트 조제프 푸리에Jean-Baptiste Joseph

Fourier가 파리왕립과학아카데미에 제출한 논문이었다. 그가 처음으로 설명한 대기 에너지 전도의 비대칭성은 훗날 '온실 효과greenhouse effect'라고 명명되어 널리 알려졌다. 한편 이 현상을 처음으로 실험을 통해 입증해낸 사람은 물리학자 존 틴들John Tyndall이었다. 틴들은 1859년 5월 18일 영국왕립연구소Royal Institution의 지하 실험실에서 수증기, 이산화탄소, 아산화질소, 메탄, 그리고 오존 분자가 '온실 효과'를 일으키는 기체라는 최초의 증거를 얻었다. 흥미롭게도 그가 실험에 성공한 1859년은 다윈의 《종의 기원》이 출간된 해이기도 하지만 미국 펜실베이니아 타이터스빌에서 최초로 상업적 석유 채굴이 시작된 해이기도 하다. 석유시대와 기후변화 연구는 그 출발점부터 묘하게 얽혀 있다.

시사주간지 〈타임Time〉은 해마다 '올해의 인물The Man of the Year'을 선정해 발표한다. 그러나 1989년에는 이례적으로 '올해의 행성The Planet of the Year'을 선정했다. 물론 우리가 살고 있는 이 아름다운 행성 지구가 선정됐는데 표지의 사진에 있는 지구는 밧줄로 칭칭 감겨 있었다. 지구가 위기에 처했다는 생각은 어제오늘의 일이 아니다. 인류는 상당히 오래전부터 지구의 환경이 파괴되고 있다는 사실을

Small countries can't clean it all.
Large countries must take charge.

이제석 〈코끼리 똥〉

잘 알고 있었다. 그러다가 드디어 기후변화라는 엄청난 괴물이 등장한 것이다. 이전의 환경 문제는 거의 다 국지적인 것들이었다. 앞에서 열거한 것처럼 미나마타 사건은 일본 미나마타현의 어촌에서 발생한 수은 중독 사건이었으며, 러브 커낼 사건도 미국 뉴욕주의 작은 마을에서 벌어진 일이었고, 낙동강 페놀 사건이 벌어졌을 때 한강과 섬진강은 멀쩡했다. 지진과 태풍 같은 천재지변도 어느 특정 지역에서 일어나지 세계 전역에서 동시에 벌어지지 않는다. 그러나 기후변화는 다르다. 우리가 그어놓은 경계를 무시한다. 전 지구적으로 벌어지는 일이라서 서로 책임을 전가하기 바쁘다. 2009년 코펜하겐 유엔 기후정상회의에서 보여준 무기력함에 나를 비롯한 많은 이들이 실망했었다. 기후변화의 원인을 제공한 강대국들과 애꿎게 피해를 입는 약소국들 간의 협상이 이렇다 할 진전을 보지 못한 채 끝났기 때문이다.

우리나라 기후변화센터의 활동가들은 회의장에서 우리나라의 젊은 천재 디자이너 이제석이 만든 〈코끼리 똥〉 포스터를 내걸어 큰 호응을 얻었다. 거대한 코끼리 똥 옆에 뱁새 한 마리가 빗자루를 들고 서 있는 모습이었다. 메시지는 분명했다. "똥 싼 놈이 치워라!"

2
기후변화와 팬데믹

감염성 질병과 기후변화의 관계

2020년 6월 3일 서울시 주최 '글로벌 서밋 2020'에서 대담 세션의 진행을 맡았던 나는 다음과 같이 마무리 발언을 했다.

눈에 보이지도 않는 바이러스라는 존재에게 이처럼 처참하게 당할 줄 누가 알았겠습니까? 자고 일어나면 쑥쑥 올라가는 사망자 수에 겁나시죠? 언제 어디서 누구에게서 옮을지 참 두려우시죠? 하지만 아시나요? 전염성 바이러스나 세균은 결코 우리 인류를 멸절하지 못합니다. 충분히 많이 죽이고 나면 저절로 사회적 거리 두기가 되어 더 이상 감염시키지 못합니다. 그 옛날 흑사병도 유럽 인구의

3분의 1밖에 죽이지 못했습니다. 그러나 기후변화는 다릅니다. 마지막 한 사람까지 깡그리 죽일 수 있습니다. 코로나19가 무서웠다면 이제 기후 위기에 진짜 겁먹어야 합니다. 기후변화는 코로나19와 비교도 되지 않을 만큼 무서운 현상입니다.

앞 장에서 설명한 성경에 기록된 환경 재앙들은 모두 3500여 년 전 그리스 산토리니 화산 폭발에 기인한다. 김명자 한국과학기술단체총연합회 명예회장이 〈철학과현실〉 2020년 가을호에 게재한 '기후변화와 팬데믹의 복합위기, 돌파구는 있는가?'라는 칼럼에 따르면, 산토리니 화산이 뿜어낸 화산재가 기후변화를 일으켜 평소보다 우기가 빨리 도래하며 번개를 동반한 강한 비바람에 섞여 내린 화산재의 황산화물이 사람과 동물의 피부에 화상을 유발해 엄청난 인명과 농작물 피해를 일으켰다. 강우량이 증가해 메뚜기 등 해충의 번식이 늘어났고 우박 등 기상이변으로 인해 농작물 작황이 나빠져 굶주린 사람들의 면역계가 약해지며 온갖 전염병에 희생됐다. 기후변화, 기근, 전염병 창궐로 인한 사회 불안에 때로 전쟁까지 겹치면 문명이 존속되기 어렵다.

이번 코로나19 팬데믹의 직접적인 원인이 기후변화인가를 묻는 질문에 명확한 인과관계를 밝혀 답하기는 쉽지 않지만 나는 제법 또렷이 보이는 연결고리를 찾았다. 21세기에 들어와 우리가 겪은 대표적 바이러스 유행병인 사스, 메르스, 코로나19 모두 박쥐로부터 시작된 것으로 밝혀졌다. 박쥐는 사실 억울한 게 많을 것 같다. 비록 날아다니지만 엄연히 새끼를 낳아 젖을 먹여 키우는 포유동물인데 이솝 우화에는 길짐승과 날짐승 편을 왔다 갔다 하는 후안무치厚顔無恥의 상징으로 그려졌다. 또한 아일랜드 작가 브램 스토커Bram Stoker가 드라큘라에 비유하는 바람에 박쥐가 주로 피를 빨아 먹고 사는 줄로 아는 사람이 많다. 하지만 지금까지 발견된 1400여 종의 박쥐 중에서 흡혈박쥐는 단 세 종뿐이고 나머지는 모두 꽃에서 꿀을 빨거나 열매 또는 곤충을 먹고 산다. 나는 한때 코스타리카와 파나마 열대우림에서 바나나 같은 커다란 잎의 모양을 변형시켜 텐트를 만들어 비를 피하는 텐트박쥐tent-making bats를 연구해 논문도 여러 편 썼다. 내가 중남미 열대에서 만난 박쥐들은 한결같이 예쁘고 고운 동물이었다.

그런데 박쥐는 왜 이렇게 자주 유행성 바이러스의 온상이 되는 걸까? 중국 우한 지역의 관박쥐에서 추출한 코로나바이러스와 지금 우리 인간을 공략하고 있는 바이러스의 유전체 구성은 불과 4퍼센트밖에 차이 나지 않는다. 그런데 왜 우리는 목숨까지 잃을 지경인데 박쥐는 멀쩡할까? 신경계나 심혈관계와 마찬가지로 면역계도 생물에 따라 제가끔 다르게 진화했다. 인간은 특별히 예민한 면역 반응을 갖도록 진화했다. 우리 몸속에 들어오더라도 그리 치명적일 것 같지도 않은 꽃가루와 먼지에도 콧물을 흘리고 재채기를 연발한다. 오죽하면 자신의 정상적인 신체 조직이나 세포에 대해서도 비정상적으로 반응하는 이른바 자가면역질환도 류머티즘성 관절염, 다발성 경화증 등 80여 가지에 이를까?

　박쥐는 우리에 비하면 훨씬 느슨한 면역계를 지녔다. 박쥐에게는 인간을 비롯한 대부분의 포유류에 존재하는 염증 유발 유전자가 현저하게 적다. 게다가 박쥐는 포유동물이지만 날아다니는 습성 때문에 에너지 소모가 커서 체온이 종종 40도에 육박한다. 우리 면역계는 외부에서 이물질이 진입하면 체온을 올려 태우는 전략을 취하지만 박쥐의 몸에서 이미 고온에 적응한 바이러스에게는 속수무책이다.

박쥐의 면역계 진화가 조금 독특하긴 하지만 최근 바이러스 유행병의 근원이 종종 박쥐인 건 어디까지나 확률의 문제이다. 이 세상 포유류 종의 절반이 쥐이고 그 나머지의 거의 절반이 박쥐이다. 박쥐가 특별히 더러운 게 아니라 그냥 많아서 이런 일이 벌어진다. 온대와 열대에 서식하는 포유동물의 종 수를 비교할 때 박쥐를 빼고 계산하면 거의 비슷하게 나온다. 그러나 박쥐를 포함하면 열대의 종 수가 압도적으로 커진다. 박쥐는 물론 온대에도 살며 우리나라에도 21종이나 서식하지만, 박쥐는 기본적으로 열대 포유동물이다. 몇몇 열대 지방에서는 박쥐의 종 다양성이 포유동물 전체의 절반을 웃돈다. 그런데 최근 지구온난화의 영향으로 온대 지방의 평균 기온이 상승함에 따라 열대 박쥐들이 온대로 서식 범위를 넓히고 있다. 호모 사피엔스는 지구의 역사에서 지구 표면 거의 모든 곳을 점유한 최초의 동물이 됐지만, 그래도 우리가 가장 많이 모여 사는 곳은 단연 온대 지역이다. 기후변화로 인해 박쥐와 우리 인간 사이의 물리적 거리가 좁혀지고 있다. 그러다 보니 바이러스가 전파될 확률이 높아질 수밖에 없다.

물리적 거리는 좁혀졌지만 온대 지방의 도시에서는 박쥐

를 보기 어렵다. 도심의 생태성이 전반적으로 저하된 것이 가장 큰 원인이지만 건물의 구조도 한몫한다. 깎아지른 직육면체 형태의 건물 어디에도 옛날 집 처마처럼 박쥐가 매달릴 공간이 없다. 독일 막스 플랑크 연구소 연구진에 따르면, 유리창의 매끈한 표면이 박쥐의 초음파 수신을 어렵게 한다. 박쥐는 초음파를 내보내고 그것이 물체에 반사돼 돌아오는 것을 감지해 먹이도 잡아먹고 장애물도 피해 다닌다. 입체나 굴곡진 표면에서 반사되는 파장의 차별적 양상으로 물체의 존재를 파악하는 데 완벽한 평면은 차라리 허공처럼 인식되어 종종 부딪히는 것이다. 박쥐 동굴 바로 앞까지 길을 내며 숲을 파괴하고 야생동물을 괴롭히다 보니 박쥐의 몸에서 살던 바이러스가 삶의 터전을 잃고 혼비백산하는 야생동물들을 거쳐 결국 우리한테 옮겨오는 것이다. 제2차 세계대전 이래 발생한 전염병은 대부분 인수공통 병원체가 유발한 질병이었다. 그중 70퍼센트가 서식지 파괴로 인해 인간과 접촉이 늘어난 야생동물에서 온 것이다. 어쩌면 다음 팬데믹은 쥐에게서 올지 모른다. 특별한 역학 정보가 있는 것은 아니고 역시 확률에 의거한 추측성 예언일 뿐이다. 그 옛날 유럽의 흑사병이 바로 쥐가 옮긴 유행병이 아니던가?

2020년 5월 19일 세계은행 블로그에는 '감염성 질병과의 싸움Fighting Infectious Diseases'이라는, 감염성 질병과 기후변화의 관계에 대한 논문이 게재됐다. 이 논문에서는 감염성 질병과 팬데믹에 대한 투쟁이 궁극적으로는 기후변화에 대한 대응일 수밖에 없는 데에는 네 가지 이유가 있다고 설명한다.

① 기후 패턴의 변화가 감염성 질병의 위험을 높인다.
열대와 아열대 지방의 질병이 기온 상승과 강우량 증가로 인해 온대와 산악 지역으로 번져가고 있다. 뎅기열dengue fever은 1970년까지 겨우 9개국에서 발생했는데 지금은 세계 100개국에서 보고되고 있다. 뎅기 바이러스를 옮기는 모기는 이미 대만 전역에 확산돼 있다. 제트 기류를 타고 한반도에 상륙하는 것은 시간문제일 뿐이다. 모기뿐 아니라 기후 난민도 국경을 넘고 있다. 세계은행은 기후변화로 인해 2050년까지 적어도 1억 4천만의 난민이 이동할 것으로 예측한다. 그들의 이동은 생태계와 사회 기반 시설의 훼손은 물론 뜻하지 않게 병원체 전파의 매개 역할을

하게 될 것이다.

② 대기 오염은 바이러스의 공기 전파를 도와 더욱 치명적으로 만들 것이다.

대기 오염 입자들이 코로나19 바이러스 전파 매개체 역할을 한다는 연구 결과가 속속 나오고 있다. 입방미터당 미세먼지가 1마이크로그램만 증가해도 코로나19로 인한 사망률이 15퍼센트나 오른다는 연구 결과도 있다. 온실기체 배출을 줄이고 대기질을 향상하는 것이 바이러스와 기후변화 대응에 상당한 도움을 줄 수 있다.

③ 빙하와 동토층의 융해는 사라진 예전 질병을 되살려내고 있다.

지구 평균보다 약 세 배나 빠른 극지방의 기온 상승으로 묻혀 있던 질병 감염원들이 드러나고 있다. 알래스카의 동토대가 녹으며 드러난 동물 사체에서 스페인 독감 바이러스의 RNA 조각을 발견했으며 티베트에서는 지하 50미터의 빙하에서 과학계에 알려지지 않은 새로운 고대 바이러스 28종을 찾아내기도 했다. 그런데 빙하와 동토층에서 발견되는 병원체들에 대해 현대인은 면역체계를 갖추고 있지 않다는 데 문제가 있다.

④ 지구온난화는 인간의 면역체계를 무력하게 만드는 방향으로 바이러스를 변하게 할 수 있다.

지구온난화에 따라 병원체들이 고온에 적응하도록 진화할 가능성을 배제할 수 없다. 인간을 비롯한 포유동물은 외부에서 진입한 병원체를 무력화하기 위해 일부러 체온을 올리는 적응 메커니즘을 갖고 있는데 기후변화로 인해 내열성 질병heat-tolerant diseases이 진화할 수 있다는 2020년 존스홉킨스대 연구 결과도 있다.

3
슬기로운 기후 위기 대응

아주 불편한 진실과 조금 불편한 삶

2006년 데이비스 구겐하임Davis Guggenheim이 감독하고 전 미국 부통령 앨 고어가 출연한 다큐멘터리 〈불편한 진실An Inconvenient Truth〉이 개봉했다. 고어는 같은 제목의 책도 출간하고 전 세계를 순회하며 기후변화의 심각성을 알린 공로를 인정받아 2007년 '기후변화에 관한 정부 간 협의체IPCC'와 함께 노벨평화상을 수상했다. 그러나 불행하게도 지금 이 순간 기후변화의 진실은 앨 고어가 얘기한 것보다 훨씬 더 불편하다. 세계기상기구WMO에 따르면 2015~2019년은 기상 관측이 시작된 이래 가장 더운 5년으로 기록되었다. 지구의 대기 온도는 산업화가 시작한 이래, 그러니까 200여 년 동안 1.1도 올랐는데, 2011~2015년에만

0.2도나 올랐다. 그런데 2015~2019년 동안의 이산화탄소 증가율이 2011~2015년에 비해 20퍼센트나 증가했으니 기온도 그에 비례해 오르고 있을 것이다.

급작스러운 기온 상승으로 인해 빙하가 녹고 있는데, 1979~1990년 남극에서만 40기가톤, 즉 4×10^{13}킬로그램의 얼음층이 녹은 데 비해 2009~2017년에는 이보다 여섯 배 이상인 2.52×10^{14}킬로그램이 녹아내렸다. 바닷물 수위는 1993년 이래 매년 평균 3.2밀리미터 정도 오르던 것이 2007~2017년 10년 동안에는 매년 4밀리미터, 그리고 2014~2019년 5년 동안에는 매년 5밀리미터씩 상승하고 있다. 우리가 겪는 자연재해의 90퍼센트 이상은 죄다 기후와 관련되어 나타난다.

대표적인 재해는 폭풍과 홍수이지만 최근에는 폭염과 가뭄 피해도 만만치 않다. 최근 들어서는 폭염과 가뭄으로 인한 대형 산불이 엄청난 재산 피해와 생태계 파괴를 불러일으킨다. 산불로 인한 가장 큰 경제 손실 네 번 모두 지난 5년 동안에 일어났다. 대규모 산불은 또한 엄청난 양의 이산화탄소를 대기 중으로 뿜어내 기후변화를 가속화한다. 2019년 여름 북극 지방에서 일어난 산불로 6월 한 달 동안에만 이산화탄소 50메가톤이 대기층에 흡수됐다. 이어서 벌어진 호주 산불은 2019년 9월부터 2020년 3월까지 무려 900메가톤의 이산화탄소를 방출한 것으로 계측됐다. 위키피디아에 정리된 바에 따르면 호주 산불은 2020년 3월 9일 현재 18만 6천 제곱킬로미터 면적의 임야와 건물 5900동을 불태웠다. 경제적 손실은 적어도 750억 달러에 이르는 것으로 추산됐다.

대기 중 온실기체의 양이 증가하고, 기온이 오르고, 빙하가 녹고, 해수면이 상승하는 속도가 날이 갈수록 가속화하는 것처럼 산불도 점점 더 자주, 더 오래, 더 대규모로 일어나고 있다. 2020년 10월 2일 현재 미국 캘리포니아에서는 금년에만 무려 8155차례의 산불이 일어났고 지금도 계속되고 있다. 역대 최다 기록이다. 버클리 대기과학센터 데이비드 롬프스David Romps 소장이 제임스 템플James Temple과 인터뷰하면서 한 말은 문제의 핵심을 꿰뚫는다. "본론부터 말하자면, 폭염과 번개와 식생의 건조함이 지구온난화의 영향이냐고요? 당연히 그렇죠. 지구온난화 때문에 점점 더 뜨겁게, 더욱 빈번하게, 더욱 건조하게 되느냐고요? 그렇습니다. 그렇습니다. 그렇습니다."

나는 요즘 자주 '아주 불편한 진실과 조금 불편한 삶'이라는 제목의 강연을 한다. 2006년 앨 고어가 부르짖었던 '불편한 진실'은 세월이 흐르며 훨씬 더 불편해졌다. 어느 날 갑자기 탁월한 공학자들이 기술을 개발해 이 불편한 진실에 종지부를 찍을 수 있다고 생각한다면 너무 안일하다. 불편한 진실에 대응하는 가장 현명한 길은 우리 각자가 지금보다는 조금이라도 더 불편한 삶을 살겠다고 결심하고 실천에 옮기는 것이다. 우리가 저지른 죄의 그림자가 이미 너무나 길게 드리워 있어 지금 당장 우리가 대오각성한다 하더라도 적어도 수십 년은 그 죗값을 치러야 한다. 그렇다고 예서 주저앉을 수는 없다. 비록 우리는 어쩔 수 없다 하더라도 우리 아이들을 위해 지금 당장 행동에 옮겨야 한다. "어쨌든 시작하자" "늦었다고 할 때가 가장 빠른 때"라는 옛사람들의 지혜가 새삼스럽다. 우리 아이들의 행복을 갉아먹지 않는 범위 내에서 우리의 행복을 추구하는 것이 바로 지속가능성sustainability의 개념이다.

사실 불과 10여 년 전까지만 해도 우리 국민은 기후변화가 얼마나 중요한 이슈인지 잘 알지 못했다. 기후변화 관련 국제회의에 다녀온 우리 정부의 관리들은 한결같이 우리를 안심시키는 일에만 전념했기 때문이다. 한편으로는 G20국가 중 하나라고 으스대면서 기후변화 관련 국제회의에만 가면 여전히 개발도상국에 지나지 않는다며 온실기체 감축의무국의 굴레를 뒤집어쓰지 않고 돌아왔다는 사실만 열심히 보고했다. 그러나 "매도 먼저 맞으면 낫다"는 우리 옛말이 이렇게 정확하게 들어맞을 줄은 차마 몰랐다. 비교적 잘 산다는 다른 나라들은 일찌감치 매를 맞으며 기후변화에 대한 대비를 착실히 수행해온 데 반해, 우리는 요리조리 피해 다니기 바빠 이렇다 할 준비조차 하지 못한 채 21세기 기후변화의 시대를 맞은 것이다. 세계 경제가 빠른 속도로 신기후변화체제로 바뀌고 있다. 먼저 준비를 끝낸 선진국들이 그렇게 몰아갈 것이 뻔한 상황에서 미처 준비도 못한 채 새로운 경제 체제 한복판으로 등 떠밀릴 국가들은 다시 한번 심각한 경제 위기를 겪을 것이다.

로스앤젤레스 소재 캘리포니아주립대UCLA 지리학과 교수 재러드 다이아몬드Jared Diamond 교수는 퓰리처 수상작 《총, 균, 쇠Guns, Germs, and Steel》에서 세계 불평등은 지역 간 환경 차이에 기인한다고 설명했다. 이것이 유라시아인이 총과 균과 쇠를 앞세워 원주민들을 밀어낼 수 있었던 근본

원인이라는 것이다. 다이아몬드 교수의 이러한 분석은 과거 사는 물론 기후변화로 인한 국가 간 경제 불균형 추이도 정확하게 예측한다.

최근 스탠퍼드대 지구과학자들이 미국국립과학원회보 PNAS에 게재한 '지구온난화가 지구 경제 불평등을 증가시킨다Global Warming Has Increased Global Economic Inequality'에 따르면 지난 세기 동안 기술 발전 덕택에 꾸준히 좁혀지던 국가 간 경제 불평등이 기후변화로 인해 물거품이 되고 말았다. 그렇지 않아도 사회 인프라가 취약한 나라들은 지구온난화에 따라 농업 및 제조업의 생산성이 저하되고 국민 건강이 악화되는 등 영향을 훨씬 심하게 받는 것으로 드러났다. 인도, 브라질, 인도네시아, 나이지리아, 수단의 인구를 합하면 세계 인구의 4분의 1이 넘는 20억에 달한다. 1961년부터 2010년까지 이 나라들의 경제 성장률을 분석한 연구진은 이들의 GDP는 충분히 세계 총생산의 4분의 1 이상으로 성장할 수 있었는데 지구온난화의 영향으로 오히려 줄어들었다고 평가했다. 특히 수단의 GDP는 이 기간 동안 무려 36퍼센트나 감소했다. 반면 인구를 모두 합쳐봐야 1억 8500만밖에 되지 않는 노르웨이, 캐나다, 스웨덴, 영국, 프랑스는 지구온난화가 진행되는 동안 오히려 경제가 성장했다. 노르웨이와 캐나다의 GDP는 각각 34퍼센트와 32퍼센트나 상승했다. 정작 이산화탄소는 주로 추운 나라들이 뿜어내는데 그로 인해 애꿎게 더운 나라들이 더 살기 어려워지고 있다. 우리나라는 2018년 사우디아라비아, 미국, 캐나다에 이어 1인당 이산화탄소 배출량 세계 4위를 차지했다. 2007~2017년에 다른 OECD 국가들은 탄소배출량을 평균 8.7퍼센트 줄인 반면 우리나라는 되레 24.6퍼센트나 늘었다. 2019년 유엔기후변화총회가 발표한 '기후변화 대응 지수'에 따르면 우리나라는 전체 61개국 가운데 58위이다. 그래서 국제사회에서 우리나라는 공공연히 '기후 깡패'로 불린다.

2020년 장마는 지금까지 가장 길었던 2013년 49일 장마 기록을 넘어섰다. 중부 지방의 경우 무려 54일 동안 계속됐다. 기상이변은 워낙 원인을 규명하기가 쉽지 않지만, 이번 경우는 북극 지방의 때아닌 이상 고온 때문에 일어난 명백한 기후변화 현상이다. 한반도 날씨가 예전 같지 않다. 나는 이미 우리가 앞으로 코로나19 같은 대재앙을 수시로 겪을 것이라 경고했다. 기후변화에 관해서도 똑같은 경고를 내릴 수 있다. 우리나라처럼 어정쩡하게 여러 기후대에 걸쳐 있는 나라는 앞으로 극단적인 홍수와 가뭄을 번갈아 겪을 것이다.

CBD Convention on Biological Diversity(국제생물다양성협약) 의장으로 활동하던 2014~2016년에 나는 국제회의를 주재하다가도 우리 정부가 약속을 이행하지 않은 이슈를 다룰 때면 번번이 의장석에서 내려와야 했다. 깡패 두목 체면이 말이 아니었다. 그래도 우리는 비록 깡패 짓은 할망정 양심은 있어서 지구온난화로 물에 잠겨가는 투발루나 방글라데시 같은 나라에 미안해한다. 하지만 웬 착각? 지금 전례 없는 물난리를 겪으면서도 모르는가? 정작 자기 집이 물에 잠기는 줄도 모르는 채 다른 나라들에게 미안해하며 겸연쩍게 뒤통수를 긁는 탄소배출량 세계 7위 국가가 바로 우리이다. 우리는 가해자인 동시에 피해자이다.

'기후변화에 관한 정부 간 협의체'는 특별보고서에서 2100년까지 1.5도 이내로 지구 온도 상승을 방지하기 위해서는 2050년까지 전 지구적으로 온실기체 순 배출량 제로를 만들어야 한다는 탄소 중립을 권고했다. 그럼에도 우리 정부는 최근 발표한 '그린 뉴딜'에 끝내 2050년 탄소 중립 선언을 담지 않았다가 뒤늦게 대통령이 2021년 예산안 국회 시정연설에서 탄소 중립을 목표로 탈석탄과 재생에너지 확대로 나아가겠다고 약속했다. 감축 약속을 지키지 않으려 국제사회 눈치나 살피는 지질한 '기후 깡패'인 줄 알고 있지만 실제로는 제 살 깎아 먹는 줄도 모르는 '기후 바보'이다.

《문명의 붕괴Collapse》에서 다이아몬드 교수는 한때 찬란했던 문명이 결국 무너져 내린 원인으로 환경 파괴, 기후변화, 적대적인 이웃, 우호적인 이웃의 지원 감소, 문제에 대한 사회의 대응 등 다섯 가지를 꼽았다. 다이아몬드 교수가 지적한 대로 우리 사회가 과연 기후변화에 대한 대응 능력과 자세를 제대로 갖췄는지 진지하게 돌이켜봐야 한다. 2006년 나는 서울대의 포근함을 박차고 이화여대로 자리를 옮겨 우리나라 최초로 에코과학부Division of EcoScience를 신설했다. 에코과학부는 기후 및 환경의 변화에 따른 자연생태계와 인간 삶의 질 변동을 종합적으로 정확하게 연구하기 위해 만든 연구교육기관이다. 마치 2009년 우리 정부의 녹색 성장 비전 발표를 미리 예견하고 기획한 것처럼 보일지 모르지만, 사실 선진국에는 웬만한 대학이면 모두 갖추고 있는 학과 또는 학부일 뿐이다. 생물학은 그 자체가 너무나 다양하고 방대한 주제를 다루는 학문이라서 대부분의 대학은 이른바 쌍두마차 체제를 갖추고 있다. 하버드대는 세포및발생생물학과CDB: Department of Cell and Developmental Biology와 더불어 개체및진화생물학과OEB: Department of Organismic and Evolutionary Biology를 갖고 있고, 예일대와 프린스턴대는 분자생물학Molecular Biology 관련 학과와 생태및진화생물학과EEB: Department of Ecology and Evolutionary Biology의 두 학과 체제로 되어 있다. 이번에 코로나19 사태와 범상치 않은 장마를 겪으며, 더 일찌감치 에코과학부 같은 교육기관을 설치하고 지원하여 미리 생태 관련 인재들을 양성했더라면, 하는 아쉬움이 남는다.

생물다양성의
고갈

1
어쩌면 기후 위기보다 더 심각한 위기

사라진 생물은 절대 다시 불러낼 수 없다

2018년 유엔기후변화협약UNFCCC에서 나를 국가적응계획NAP: National Adaptation Plan 분야의 챔피언으로 선정했다. 일종의 명예대사로서 나의 임무는 UNFCCC 회의가 열리는 곳이면 어디든 달려가 기후변화의 심각성을 알리는 강연을 하는 것이었다. 말하자면 '앨 고어 아바타' 역할을 수행하라는 것이었다. 내 첫 임무는 2018년 4월 4~6일 이집트 샤름 엘 셰이크에서 열리는 NAP Expo 마지막 날 기조강연을 하는 것이었다. 이 강연에서 나는 기후변화의 위험에 대해 얘기한 후 어쩌면 기후변화보다도 그로 인해 벌어질 생물다양성의 고갈이 더 직접적이고 급박한 위협이 될지 모른다고 경고했다. 예를 들면, 기후변화로 인해 일어날

식량 대란은 단순한 기온 상승이나 이상 기후와는 비교조차 할 수 없는 엄청난 혼란과 소요 사태를 야기할 것이다. 이날 강연이 끝난 뒤 나는 한 번도 겪어보지 못한 새로운 경험을 했다. 국내에서는 강연을 마치고 나면 청중들에게 사인해주고 사진도 함께 찍는 일이 종종 있지만 외국에서는 한 번도 없었다. 그런데 이날 강연을 마친 뒤 거의 20명 가까운 사람들이 줄 서서 나를 기다리는 이변이 연출됐다. 뜻밖의 경험이었다. 생물다양성 분야의 전문가들은 기후변화에 대해 충분히 잘 알고 있었다. 왜냐하면 기후변화가 생물다양성 고갈의 주요 원인 중 하나이기 때문이다. 그러나 뜻밖에도 기후변화 쪽 관계자들은 생물다양성에 대한 지식이 거의 없었다. 그들은 오로지 기후의 변동에만 천착할 뿐 그로 인해 벌어질 수 있는 생물다양성 변화에는 관심을 쏟을 기회가 거의 없었던 것 같았다.

1998년 미국 뉴욕 센트럴파크 옆에 있는 미국자연사박물관American Museum of Natural History은 세계 지식인들을 상대로 당시 인류를 위협하는 수많은 문제 중에서 어떤 문제가 가장 심각한지를 묻는 설문 조사를 실시했다. 생물학자들만 상대로 조사한 게 아니었음에도 불구하고 '생물다양성의 고갈'이 가장 압도적으로 1위를 차지했다. 1998년이면 지난 세기말이자 하나의 밀레니엄을 마감하던 시절이었다. 새로운 세기와 밀레니엄을 맞이하며 세계의 지식인들은 인류의 미래에 대해 생각할 때 지구에서 생물들이 영원히 사라지는 현상이 가장 걱정스러운 일이라고 답한 것이다.

바로 이 무렵, 보다 엄밀히 말하면 새로운 세기와 밀레니엄으로 접어들며 또 다른 환경 문제가 우리 사회 전면에 등장하기 시작했다. 바로 지구온난화를 앞세운 채 하루아침에 과학계는 물론 정치, 사회, 경제 모든 분야를 송두리째 흔들어버린 기후변화의 문제가 등장한 것이다. 그렇다고 해서 기후변화가 이번 세기에 들어와 비로소 나타난 현상은 아니다. 적어도 수백 년 전부터 징후를 보이기 시작하다가 지난 몇십 년 동안 뚜렷하게 나타난 것뿐이다. 기후변화를 문제로 인식한 시기는 나라에 따라 달랐다. 선진국들은 일찌감치 이를 심각한 문제로 인식하고 준비를 시작한 반면, 후진국들은 이 문제를 애써 외면하며 살았다. 우리나라도 예외가 아니었다.

기후변화와 생물다양성의 문제는 우리 국민이 받아들이는 태도에 있어서 상당한 차이를 보인다. 불과 10년 만에 우리 시대의 가장 중요한 사회 문제로 자리매김한 기후변화에 비해 생물다양성의 문제는 대중의 경각심을 불러일으키는 데 적지 않은 어려움을 겪고 있다. 기후변화는 속된 말로 하자면 비교적 "쉽게 먹혀들었다." 매일 피부로 느끼기 때문이다. "무슨 날씨가 이래?" "요즘은 봄가을이 아예 없는 것 같아"라고 말하는 사람들에게 지구의 기후가 변화하고 있다는 사실을 알리며 설득하는 일은 그리 어렵지 않았다. 이에 비해 생물다양성의 고갈은 각인시키기 매우 어렵다. 저녁 뉴스시간에 북극곰이 멸종 위기에 놓였다는 보도를 접한다고 하자. 예전에는 먹이를 잡아 수면 위로 올라오면 바로 옆에 얼음이 있어 그리로 올라 먹이를 먹으면 됐는데, 이제는 기후변화로 인해 빙하가 녹아 너무 멀리 떠 있는 얼음을 향해 헤엄치다 결국 익사하고 만다. TV 화면 가득 물에 빠져 허우적거리는 북극곰을 보는 순간에는 우리 모두 진정으로 안타까워하지만 불과 몇십 초 후 다음 뉴스로 넘어가면 이내 까맣게 잊고 만다. 기후변화만큼 늘 피부로 느끼는 게 아니라서 생물다양성의 문제로 공감대를 이끌어내기는 상대적으로 어려울 수밖에 없다.

생물학자들은 지금 수준의 환경 파괴가 계속된다면 2030년

경에는 현존하는 동식물의 2퍼센트가 절멸하거나 조기 절멸의 위험에 처할 것이라고 추정한다. 이번 세기의 말에 이르면 절반이 사라질지도 모른다고 경고한다. 기후변화는 이 같은 추세에 가속 페달을 밟고 있다. 기후변화는 분명히 심각한 문제이다. 그러나 지구온난화에 따른 기온의 상승 그 자체로는 우리 인류에게 해결 불가능한 문제가 아닐지도 모른다. 온도를 강제로 낮추거나 아니면 그 온도에 맞춰 주로 실내에서 생활하는 극단적인 방법도 가능할지 모른다.

더 심각한 문제는 기후변화로 인하여 벌어질 수 있는 엄청난 생물다양성의 감소이다. 그래서 유엔은 2010년을 '국제 생물다양성의 해The International Year of Biodiversity'로 제정한 데 이어 아예 2011~2020년을 '생물다양성을 위한 10년United Nations Decade on Biodiversity'으로 정하고 생물다양성의 중요성을 알리려 노력하고 있다. 그러나 어느덧 그 10년도 허무하게 다 흘러가버렸다. 이제는 '생물다양성을 위한 100년United Nations Century on Biodiversity'을 도모해야 할 때이다.

2
생물다양성의 개념과 현황

지구에 존재하는 생명 전체

영어권에서는 생물다양성을 원래 '생물학적 다양성biological diversity' 혹은 '자연 다양성natural diversity'이라 불렀다. 그러다가 하버드대 생물학자 에드워드 윌슨 교수가 'biological diversity'를 한 단어로 축약해 책의 제목 'Biodiversity'(1988)로 붙이면서 널리 쓰이게 됐다. 'Biodiversity'는 단순히 'biological diversity'의 축약을 넘어 생명life, 야생wilderness, 보전conservation 등의 동의어로 쓰이거나 이 모두를 포괄하는 개념어로 쓰이기도 한다. 그러다 보니 이제는 생물학계뿐 아니라 정치, 경제, 사회 분야 전반에 걸쳐 회자되는 용어가 되었다.

미국기술평가국OTA: U. S. Office of Technological Assessment

은 1987년 미국 의회에 제출한 보고서에서 생물다양성을 "생물체 간의 다양성과 변이 및 그들이 살고 있는 모든 생태적 복합체"라고 정의했다. 1989년 세계자연기금WWF: World Wide Fund for Nature은 생물다양성에 대해 "수백만여 종의 동식물, 미생물, 그들이 담고 있는 유전자, 그리고 그들의 환경을 구성하는 복잡하고 다양한 생태계 등 지구상에 살아 있는 모든 생명의 풍요로움"이라며 사뭇 포괄적인 정의를 내놓았다. 이들 정의에 따르면 생물다양성이란 결국 '지구에 존재하는 생명 전체Life on Earth'를 의미한다.

그럼에도 불구하고 나는 2013년 제인 구달 박사와 더불어 '생명다양성재단Biodiversity Foundation'을 설립하며 우리말 이름을 결정할 때 '생물다양성'이라는 용어의 한계를 절감했다. 앞에서 보듯이 서양에서는 생물다양성의 개념이 상당히 포괄적으로 인식되는 데 반해, 우리나라 사람들에게 생물다양성이란 용어는 그저 야생동식물, 아니 때로는 그보다도 더 좁게 멸종 위기종 문제를 지칭하는 용어쯤으로 이해되는 경향이 있다. 그래서 나는 고민 끝에 한 글자만 바꾸기로 했다. '생물다양성'을 '생명다양성'으로 바꾸자 사람들은 금방 인간 사회의 다양성, 즉 정치, 경제, 문화의 다양성까지 포용하는 용어로 받아들이는 것 같았다. 나라마다 또렷한 인식의 차이가 있다.

생물다양성은 흔히 유전자다양성genetic diversity, 종다양성 species diversity, 생태계다양성 ecosystem diversity/habitat diversity 등 세 단위로 측정한다. 가장 보편적으로 사용하는 생물다양성의 단위는 종다양성이다. 이는 특정한 환경에 대한 생물종들의 진화적 또는 생태적 적응의 범위를 나타낸다. 열대우림을 보전하려는 이유는 그곳이 특별히 많은 종을 보유하고 있는 생태계이기 때문이다. 생태계는 특정한 지역에 서식하는 모든 생물종들의 집합을 일컫는 군집community과 그에 영향을 미치는 모든 물리적 환경 요인을 포함한다. 온도, 습도, 강우량, 풍속 등 온갖 환경 요인들은 생물 군집의 구조와 특성을 결정짓고 생물 군집의 특성은 거꾸로 환경 요인에 영향을 미친다. 종다양성과 생태계다양성이 다양할수록 유전자다양성도 증가한다.

지구의 종다양성에 대한 측정치는 200만에서 1조(10^{12})까지 다양하다. 지금까지 과학자들이 기재한 종은 약 174만 종에 이르는데, 이는 전체 종수에 비교하면 크게 보아 80퍼센트가 넘고 작게 보면 0.001퍼센트에 지나지 않는다. 2019년

'IPBES의 생물다양성과 생태계 서비스에 관한 평가보고
서 Global Assessment Report on Biodiversity and Ecosystem
Services of the IPBES'와 2020년 CBD의 '제5차 지구생물
다양성 전망 Global Biodiversity Outlook 5'에 따르면 지구
의 생물다양성은 전례 없이 빠른 속도로 사라지고 있다.
2000년 당시 유엔 사무총장 코피 아난 Kofi Annan의 제안으
로 2001년부터 연구와 집필을 시작해 2005년에 발표한 '밀

레니엄 생태계 평가 보고서Millennium Ecosystem Assessment'
는 환경에 미치는 인간의 영향을 평가한 가장 복합적이고
광대한 보고서로서 '생태계 서비스'라는 개념을 널리 알리
는 데 기여했다. 2019년 IPBES 보고서는 '밀레니엄 생태
계 평가 보고서' 이후 거의 15년 만에 전 지구적인 조사와
연구를 바탕으로 작성된 본격적인 분석 자료로 평가된다.
'제5차 지구생물다양성 전망'에서는 2010년 제10차 CBD
당사국총회에서 채택된 '아이치 목표the Aichi Targets'에 대
한 협약 당사국을 비롯하여 세계 각국의 노력과 결과를 평
가했다.

이번 IPBES 보고서에는 50개국 145명의 전문가와 직
접 저술에 참여한 310명의 전문가가 지난 50년 동안의 1만
5천 건의 자료를 분석하여 평가한 결과를 담았다. 전문가들
은 생물다양성 감소와 생태계 서비스 저하의 원인을 다음
다섯 가지로 보고 있다.

① 토지 및 해양 이용 변화land-/sea-use change

② 생물 남획direct exploitation of organisms

③ 기후변화climate change

④ 오염 pollution

⑤ 외래침입종 invasive alien species

일찍이 다이아몬드 교수는 《문명의 붕괴》에서 '악마의 사중주'로 서식지 파괴 habitat destruction, 남획 over-kill, 도입종 introduced species, 2차적 영향 secondary extensions을 들었고, 에드워드 윌슨은 서식지 파괴 habitat destruction, 침입종 invasive species, 오염 pollution, 인구 증가 human over-population, 남획 overharvesting의 영어 첫 글자들을 엮어 'HIPPO'라는 흥미로운 두문자어를 소개한 바 있다.

IPBES 보고서에서 내가 가장 주목한 조사 결과는 1980년 이후 30년 동안 식물 자원, 동물 자원, 화석 연료, 광물, 건축 재료 등 물질의 개인당 소비량이 무려 15퍼센트나 증가했다는 사실이다. 이로 인해 재생 가능한 혹은 불가능한 자원을 자연으로부터 매년 평균 600억 톤씩 추출하던 것이 1980년 이래 두 배로 늘었다. 1980년 이후 온실기체 배출도 두 배로 늘었고, 세계 평균 기온도 0.7도 상승했다. 해마다 3~4억 톤의 중금속과 용제 등 독성 폐기물이 수생태계로 버려지고 있고, 해양의 플라스틱 오염은 무려 10배나 늘

전 세계 다른 종 그룹의 멸종 위기 정도

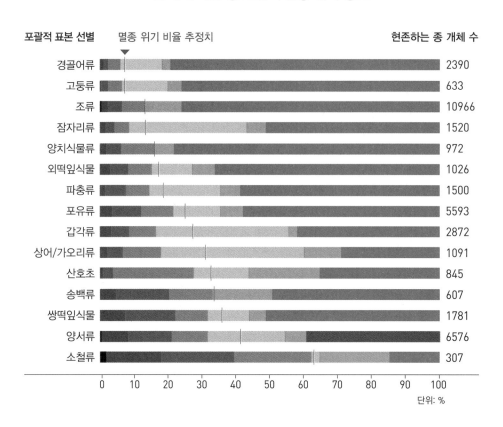

포괄적 표본 선별	멸종 위기 비율 추정치		현존하는 종 개체 수
경골어류			2390
고동류			633
조류			10966
잠자리류			1520
양치식물류			972
외떡잎식물			1026
파충류			1500
포유류			5593
갑각류			2872
상어/가오리류			1091
산호초			845
송백류			607
쌍떡잎식물			1781
양서류			6576
소철류			307

0 10 20 30 40 50 60 70 80 90 100

단위: %

국제자연보호연맹(IUCN) 리스트

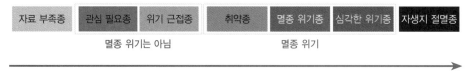

자료 부족종	관심 필요종	위기 근접종	취약종	멸종 위기종	심각한 위기종	자생지 절멸종

멸종 위기는 아님   멸종 위기

더 큰 멸종 위험

출처: IPBES

었다. 인간 활동의 영향으로 자연생태계는 47퍼센트나 사라졌고, 과학자들이 연구하는 동식물 그룹의 약 25퍼센트가 멸종 위기에 처해 있다. 양서류의 40퍼센트 이상, 산호초, 상어류 및 해양 포유동물의 거의 33퍼센트 역시 멸종 위협을 받고 있다. 현재 지구에 현존하고 있는 것으로 보이는 약 800만 종의 동식물 중 적어도 100만 종은 심각한 멸종 위기에 놓여 있다는 것이 IPBES 연구진의 추측이다.

CBD는 제5차 지구생물다양성 전망에서 2019년 우리 정부가 발표한 '제4차 국가생물다양성 전략(2019~2023)'을 비롯한 세계 각국의 생물다양성 관련 국가 보고서들을 분석해 아이치 목표 20개 항목에 대한 실천 성과를 평가했다. CBD 보고서는 2021년 5월 중국 쿤밍 제15차 당사국총회COP 15에서 채택할 예정인 지구생물다양성 정책프레임워크GBF: Global Biodiversity Framework에 과학적 지표를 제공했다. 보고서는 특히 종수뿐 아니라 개체수에 주목했다. 현재 지구의 야생생물 개체수는 40년 전인 1970년에 비해 3분의 1밖에 되지 않는다. 개체수가 줄면 유전자다양성도 함께 줄고 생태계 서비스 능력도 감소한다. 보고서에 따르면, 2015년 혹은 2020년까지 달성하기로 한 20개 아이치 목표 중에서 외래종 관리, 육상·해양 보호지역 확대, 유전자원 접근 및 이익 공유, 국가 전략 수립, 과학기술 이전, 재원 마련 등 6개 항목에서만 부분적 달성 효과가 있었을 뿐 만족스러운 수준으로 달성된 항목은 하나도 없다.

생물다양성을 증가시키고 감소를 줄이기 위한 행동 목록

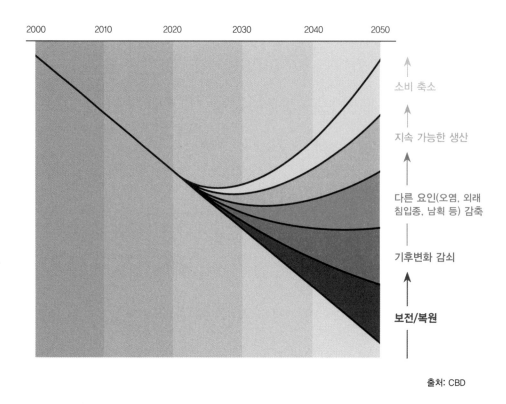

출처: CBD

대중과학서《랩 걸Lab Girl》로 세계적인 명성을 얻은 노르웨이 오슬로대 지구과학자 호프 자런Hope Jahren의 근저 'The Story of More'의 우리말 제목 '나는 풍요로웠고, 지구는 달라졌다'처럼 지구 환경의 모든 게 인간 삶의 풍요로 인해 변하고 있다. 그러나 CBD 연구진은 비록 2010년 제10차 당사국총회COP 10가 채택한 '2011~2020 생물다양성 전략 계획 및 아이치 목표'에는 많이 못 미치지만 지구 생물다양성 감소 추세를 되돌리기에 아주 늦은 것은 아니라고 판단한다.

　우리가 만일 2030년부터 지구의 생물다양성이 조금이라도 증가하도록 만들려면 다음과 같은 조치가 필요하다. 첫째, 강화된 생태계 보전과 복원, 둘째, 기후변화 감쇠, 셋째, 오염, 외래침입종 및 남획 감축, 넷째, 재화와 용역, 특히 식량의 보다 지속 가능한 생산, 다섯째, 소비와 폐기물 축소. 이 다섯 가지는 어느 하나 덜 중요한 것이 없기 때문에 어느 것 하나 소홀히 할 수 없다. 다섯 조치를 모두 고르게 잘하다 보면 서로 상승 작용을 일으키며 지구 생태계의 생물다양성을 증가시킬 수 있을지도 모른다.

3
다양성은 왜 중요한가?

섞여야 건강하다

다양성이 중요하다고 한다. 구조적으로 다양한 조직이 안정적이라고 한다. 다양한 목소리가 있는 사회가 건강하다고 한다. 그런데 막상 다양성이 왜 중요하냐 물으면 선뜻 답하는 이가 많지 않다. 그래서 나는 왜 다양해야 하는지 내가 지어낸 우화로 설명하고자 한다.

중남미의 아름다운 나라 코스타리카에서 야외 연구를 하던 1980년대 중반 어느 날, 바나나 농장을 방문한 적이 있다. 밭이랑을 따라 줄지어 자라고 있는 바나나나무에서 긴 열매줄기들을 거둬들여 다발로 분리한 다음 세척과 건조 과정을 거쳐 박스에 포장하는 전 과정을 보노라면 그곳이 바나나 농장인지 공장인지 헷갈릴 지경이다. 뒷산에 올라 농장을 내려다보니 그야말로 지평선 저 끝까지 눈에 다 담을 수 없게 바나나가 심어져 있다. 얼마 전까지 그 드넓은 땅에는 온갖 다양한 식물이 자라고 있었을 것이다. 그러나 어느 날 농부가 나타나 그 다양한 식물들을 깨끗이 밀어내고 바나나, 즉 단 한 종류의 식물만 심었다. 그러자 바나나 잎을 특별히 좋아하는 곤충들이 몰려들기 시작했다. 그들에게는 천국이 따로 없다. 자기들이 가장 좋아하는 식물을 끝도 없이 한곳에 모아준 인간에게 한없이 고마움을 느끼며 정신없이 바나나 잎을 갉아먹고 있는데 홀연 몸이 축축해진다. 농부가 살충제를 뿌리기 시작한 것이다. 곤충들이 농부에게 항의한다.

"아, 이건 예의가 아니죠. 초대하시고 이렇게 대접하시나요?"

"야 이놈들아, 내가 언제 너희를 초대했냐?"

"아니, 이게 초대가 아니면 뭔가요? 우리가 가장 좋아하는 게 이처럼 온 사방에 흐드러졌는데 초대하지 않으셨다니요? 우리 친구들 지금 전국 방방곡곡에서 몰려오고 있어요. 소문 듣고."

어제까지만 해도 그 곤충들은 그저 평범한 곤충이었다. 예쁜 곤충이었을지도 모른다. 그러나 인간이 심은 작물을 건드리는 순간, 그들은 해충으로 전락한다. 농부는 결국 살충제 살포를 단행하고 해충 퇴치에 성공한 듯싶어 흡족해한다.

그러나 기쁨은 잠깐일 뿐, 몇 년 후 해충은 더 극성을 부린다. 하는 수 없이 농부는 또다시 살충제를 살포한다. 그러나 무슨 까닭인지 이번에는 곤충들이 쉽사리 죽지 않는다. 당연히 그럴 수밖에. 죽지 않은 개체들의 자손이 돌아온 것이다. 그 살충제에 내성을 지닌 개체들의 자손이 나타났으니 당연히 잘 죽지 않을 수밖에. 농부는 더 독한 살충제를 구해 뿌린다. 제법 효능이 좋은 살충제라고 생각했으나 몇 년 후 똑같은 상황이 반복된다. 그러자 농부는 더 독한 살충제를 구해 뿌리지만 상황은 계속 반복될 뿐이다. 그러던 어느 날 농장 주변을 흐르는 강에는 물고기들이 배를 뒤집고 둥둥 뜨고 이윽고 왜가리들이 쓰러지기 시작한다. 생물 농축 현상이 일어난 것이다. 플랑크톤은 살충제의 독성 성분을 극미량만 섭취하기 때문에 큰 영향을 받지 않지만 다수의 플랑크톤을 잡아먹은 물고기는 비틀거리고 그런 물고기를 여럿 먹어치운 새는 목숨을 잃는다. 먹이사슬의 상위로 오를수록 독성이 축적되기 때문에 피해가 훨씬 심각하다.

이게 우리 인간이 농사짓는 방식이다. 우리는 이미 이 악순환의 고리에 말려들었다. 프란츠 카프카Frantz Kafka의 소설《변신Die Verwandlung》은 이렇게 시작한다. "어느 날 아침 그레고르 잠자가 불안한 꿈에서 깨어났을 때 그는 침대 속에서 한 마리의 흉측한 갑충으로 변해 있는 자신의 모습을 발견했다." 자, 이제부터 한 마리의 애벌레로 빙의한 채 읽기 바란다. 운 좋게 정말 좋아하는 식물을 발견해 신나게 갉아먹고 있다. 그런데 다 갉아먹고 나면 고민에 빠지게 된다. 바로 옆에서 자라고 있는 식물의 잎을 먹어봤는데 영 맘에 들지 않는다. 별로 맛이 없더라도 주변에 있는 식물로 만족한다면 모를까 기어코 같은 식물을 고집한다면 길을 떠나야 한다. 만일 7미터쯤 떨어진 곳에나 같은 식물이 있다고 하자. 우리 인간에게는 7미터가 그리 먼 거리가 아니지만 작은 애벌레에게는 그야말로 9만 리 같은 거리이다. 그것도 시력이 좋아 7미터 전방에서 식물을 발견하고 직선으로 움직일 수 있는 게 아니다. 좌우사방으로 움직이며 조금씩 시식하며 이동한다. 그렇게 애벌레가 다음 식물을 찾으러 이동하는 동안 그가 다 먹어치운 식물은 또 생장한다. 다양성만 확보되면 공존이 가능해진다. 다이아몬드 교수는 《총, 균, 쇠》에서 "농업은 인류 역사에서 최악의 실수였다"고 단언한다. 그렇다고 해서 우리가 지금 이 시점에서 농경을 포기할 수는 없다. 하지만 잘못은 인정할 수 있다. 처음부터 다양성을 완전히 말살하는 방식으로 시작하지는 말았어야 한다. 다양성을 어느 정도 유지하면서 농경을 하는 방법을 찾았어야 한다.

나는 대학에서 연구하고 가르치는 학자이지만 신문 오피니언란에 글을 쓰는 논객이기도 하다. 1996년 〈한겨레〉 신문에 '다윈 의학'에 관한 연재를 하며 시작한 논객 생활이 20년을 훌쩍 넘었다. 2007년 1월 21일 〈조선일보〉 '아침논단'에 나는 '철새들을 위한 변호'라는, 다소 엉뚱한 제목의 글을 게재했다.

나는 선거철만 되면 소속 정당 옮기기를 밥 먹듯 하는 정치인들을 가리켜 '철새 정치인'이라고 부르는 게 매우 못

마땅하다. 그저 길만 건너면 새 정당에 몸을 담을 수 있는 정치인들을 철 따라 죽음을 무릅쓰고 긴 여정에 올라야 하는 철새에 비유하는 것은 철새들을 모독하는 행위라고 생각한다. 그래서 나는 몇 년 전 선거철마다 이리저리 빌붙어 먹는 정치인들을 '진드기 정치인'이라 부르자고 제안한 바 있다. 요사이 여의도 생태계에 또다시 철 맞춰 진드기들이 대거 출몰했다는 소식을 접하고 있다.

하지만 오늘은 다른 이슈인 '조류 인플루엔자AI'에 관련된 철새들의 억울함을 변호하고자 한다. 지난해 12월 충남 아산에서 발생한 지 한 달 만에 천안에서 또다시 고병원성 조류 인플루엔자가 발견됐다. 게다가 청둥오리 등 충남 지역을 찾은 철새들의 분변糞便에서 조류 인플루엔자 바이러스가 검출됐다는 연구 결과가 함께 보도되어 철새들을 바라보는 눈들이 곱지 않다.

조류 인플루엔자의 발발은 사실 어제오늘의 일이 아니다. 조류 인플루엔자는 바이러스 분리 기술의 개발 덕택에 1934년 처음으로 확인됐지만 사례로 추정되는 예들은 이미 19세기 말부터 보고됐다. 그러다가 1997년 홍콩에서 여섯 명이 사망하자 세계보건기구까지 나서서 검증되지 않은 최악의 시나리오를 퍼뜨리고 있다.

바이러스 관련 질병 역사상 최악의 예로 기록된 스페인 독감(제1차 세계대전 중인 1918년 발생해 4천여만 명의 목숨을 앗아감)에 비유하며 자칫하면 수백만 명이 사망하고 국가 기능이 마비될 것이라는 예측까지 나돌아다닌다. 스페인 독감은 당시 전쟁이라는 특수 상황에서 병사 간 전염이 용이했고 감염된 병사들이 한꺼번에 자국으로 돌아가 바이러스를 퍼뜨리는 바람에 일어난 사건이었다. 질병에 관한 과학적 지식이 없어 저지른 어처구니없는 일이었다. 하지만 지금은 다르다. 주민들의 자발적인 신고와 방역 당국의 신속한 대처 덕택에 예전처럼 무지로 인한 불행은 반복되지 않을 것이다.

근거 없는 유언비어는 예서 그치지 않는다. 감염경로가 명확하게 밝혀진 것도 아니건만 (스페인 독감의 경우) 전쟁이 끝난 다음 비행기를 타고 귀국했던 병사들을 생각하며 철 따라 여러 지역으로 비행 이동하는 철새들을 떠올리는 것이다. 조류 인플루엔자 바이러스가 철새들의 분변에서 검출되었다는 사실은 전혀 놀랄 일이 아니다. 철새는 물론 텃새들도 수천 수만 년 동안 늘 인플루엔자 바이러스와 함께 살아왔을 것이다. 그리고 해마다 몇 마리씩 죽었을 것이다. 다만 그들 세계에서는 사회적인 문제가 되지 않을 뿐이다.

거의 모든 전염성 질환이 그렇듯이 유전적 면역력과 건강 상태에 따라 바이러스의 공격을 이겨낼 수 있는 새들이 있고 그렇지 못한 새들이 있다. 문제는 우리가 닭장 속에서 기르고 있는 닭들의 생존 방식이 전혀 자연적이지 못하다는 데 있다. 그들은 이미 알 낳는 기계일 뿐 더 이상 자연계에 존재하는 동물이 아니다. 알이란 원래 우리 식탁에 올리기 위해 닭들이 낳아주는 게 아니라 병아리, 즉 자식을 얻기 위해 낳는 것이다. 도대체 자식을 하루에 하나씩 낳는 동물이 이 세상 동물이란 말인가. 닭은 오랜 세월 우리 인간이 오로지 알을 잘 낳도록 인위선택artificial selection하여 만들어낸 '괴물'이다. 그러다 보니 지금 세계 어느 나라 닭장이든 그 안에 있는 닭들은 거의 '복제 닭' 수준이다. 그래서 일단 바이러스가 진입하면 몰살을 면치 못한다.

철새가 정말 닭이나 오리에게 바이러스를 전해주는지, 철새는 바이러스를 지니고도 끄떡없는데 왜 닭은 힘없이 죽어나가는지, 그렇다면 닭이 철새로부터 무엇을 배워 실천해야 하는지 등을 연구해야 한다. 이런 연구를 하는 학문이 바로 '에코역학eco-epidemiology'이다. 몰염치한 정치인에 비유되는 게 더 억울한지, 아니면 조류 인플루엔자의 원흉으로 몰리는 게 더 억울한지 철새들을 위한 에코과학자들의 변호가 절실하다.

나의 엉뚱함은 이걸로 그치지 않았다. 나는 2019년 11월 5일 자 〈조선일보〉 내 기명 칼럼 '최재천의 자연과 문화'에 '멧돼지를 위한 변호'라는 제목의 글을 올렸다.

나는 일찍이 '철새들을 위한 변호'라는 시론(〈조선일보〉 2007년 1월 21일 자)을 쓴 적이 있다. 우리가 기르는 닭이나 오리가 고병원성 조류 인플루엔자로 폐사하면 다짜고짜 철새들에게 혐의를 뒤집어씌우는데 가만히 보니 그들은 변호사를 고용할 돈도 없고 스스로 변론할 능력도 없어 보여 참다못해 내가 변호를 자처했다.
고병원성 조류 인플루엔자 바이러스에 감염된 철새는 우선 그 먼 거리를 날아오기도 힘들뿐더러 잠시 쉬어가는 기착지에서 아픈 몸을 이끌고 애써 농가까지 날아가 직접 바이러스를 배달할 만큼 친절하지도 않다. 조류 인플루엔자 바이러스는 거의 언제나 인간이 옮긴 것으로 드러났고, 일단 옮겨진 바이러스는 사육동물의 유전자다양성 결여와 공장식 밀집 사육 때문에 급속도로 확산된다. 철새는 가해자보다 피해자일 확률이 훨씬 높다.

지금 벌어지고 있는 아프리카돼지열병ASF 사태 역시 한 치도 틀림없는 판박이이다. 어쩌다 우리는 12년 동안 배운 게 하나도 없는지 놀라울 따름이다. 아프리카돼지열병은 원래 북아프리카 사하라 지방에 사는 혹멧돼지warthog에서 발생한 질병인데, 철새들이 그렇듯이 그들은 선천적으로 내성을 지녀 발병하더라도 개체군의 일부만 죽어나갈 뿐이다. 감염된 집돼지와 바이러스가 묻은 사료가 유럽과 아시아로 유통되는 과정에서 결국 우리나라까지 다다른 것이다.

아프리카돼지열병은 치사율이 거의 100퍼센트에 달하고 조류 인플루엔자와 달리 대체로 직접 감염에 의해 전파되기 때문에 감염된 돼지가 동네방네 날뛰며 바이러스를 흩뿌리지 않는 한 감염률은 극히 낮을 수밖에 없다. 그래서 자연에서 전파 속도는 1년에 8~17킬로미터에 지나지 않는다. 폐사한 멧돼지를 다른 멧돼지나 집돼지로부터 격리하는 것은 바람직하나 억울한 누명을 씌우고 대량으로 학살하는 것은 결코 옳지 못하다. 멧돼지 역시 가해자가 아니라 피해자일 가능성이 훨씬 높다. 박멸이 아니라 공존의 길을 찾아야 한다.

철새와 멧돼지는 각각 조류 인플루엔자와 아프리카돼지열병으로 종종 죽는다. 다만 그들은 좀처럼 한 개체군이 몰살당하지 않는다. 바이러스의 공격을 이겨내지 못한 약한 개체들은 죽고, 그들이 비운 자리를 강한 개체의 자손이 메우며 살아간다. 자연에는 유전적으로 다양한 개체들이 함께 살기 때문에 누구는 어느 특정한 질병에 취약해도 다른 개체들은 살아남는다.

이게 자연의 모습이다. 언론에서 화재로 일가족이 몰살당했다는 기사는 접해도 독감으로 가족 전체가 몰살했다는 얘기를 들은 적이 있는가? 아무리 독한 독감이 돌아도 아빠는 콜록거리며 일하러 못 갈 것 같다고 드러누워도 엄마는 끄떡없이 아빠도 간호하며 집안일을 해나간다. 왜 같은 가족인데 다 같이 아프지 않을까? 아빠와 엄마가 유전적으로 다르기 때문이다. 아빠와 엄마가 유전적으로 거의 동일하면 근친혼일 수밖에 없다. 유전적으로 서로 다른 남녀가 만나 가정을 꾸렸기 때문에 그 둘의 유전자가 섞여 태어난 아이들도 누구는 아프고 누구는 멀쩡할 수 있다. 이게 우리 인간 사회의 모습이다.

그런데 우리가 기르는 가축은 다르다. 오랜 세월 동안 알 잘 낳는 닭과 육질이 좋은 소와 돼지를 얻기 위해 수천 수만 세대 인위선택을 거치며 유전자다양성을 거의 상실한 복제 닭, 복제소, 복제돼지를 기르고 있다 해도 과언이 아니다. 그래서 한 마리만 바이러스에 감염돼도 거의 모두가 아플 것은 시간문제일 뿐이다. 방역 당국은 어영부영하다가 상황이 감당하지 못할 수준으로 커질 것이 두려워 때론 산 채로 묻는다. 시베리아에서 고병원성 조류 인플루엔자 바이러스에 감염된 철새는 우리나라 천수만까지 날아오기 힘들다. 천신 만고 끝에 천수만에 내려앉은 철새가 있다 하더라도 그 새가 무슨 연유로 수십 킬로미터를 날아 닭장과 오리장을 친히 방문하며 바이러스를 퍼뜨린다는 말인가? 북아프리카에서 발병한 돼지열병의 바이러스를 우리나라 멧돼지가 무슨 방법으로 옮겨 받았을까? 옮기고 다닌 범인은 사람, 비행기, 자동차, 그리고 사료를 비롯한 축산 관련 물품이다. 문제의 핵심은 유전자다양성의 감소이며 공장식 사육이다. 우리는 기르는 동물들에게 좀처럼 사회적 거리 두기를 허용하지 않는다. 다닥다닥 붙여 기른다. 그러니 한 마리만 감염되면 유전적으로 거의 동일한 개체들이 밀집돼 있는 환경에서 바이러스의 전파는 불 보듯 뻔한 일이다. 가축의 유전자다양성을 높이고 사육 환경을 개선하면 어느덧 연례 행사처럼 치르고 있는 대규모 살처분은 충분히 피할 수 있다.

칼 세이건Carl Sagan의 《코스모스Cosmos》와 더불어 우리나라 대중과학서 시장의 영원한 베스트셀러 《이기적 유전자The Selfish Gene》는 사실 리처드 도킨스Richard Dawkins의 아이디어가 아니라 '다윈 이래 가장 위대한 생물학자'로 칭송받던 윌리엄 해밀턴William Hamilton의 이론을 도킨스가 일반인도 알아들을 수 있도록 쉽게 풀어 써준 책이다. 해밀턴 교수는 문학적 소양이 풍부해서 종종 과학 논문에도 대단히 매력적인 문학 표현을 즐겨 썼다. 어느 논문에 그는 이런 문장을 썼다. "Nature abhors pure stands." 나는 이 문장을 우리말로 "자연은 순수를 혐오한다"고 번역한다. 순수를 혐오하다니? 여기서 순수는 다양성을 제거해 한 가지만 기르는 우리 인간의 경작지 같은 상태를 일컫는다. 자연은 태초부터 지금까지 끊임없이 다양해지는 방향으로 진화했다. 나는 《열대예찬》에서 "섞여야 건강하다. 섞여야 아름답다. 섞여야 순수하다. 왜냐하면 자연은 태초부터 지금까지 늘 섞여왔기 때문이다"라고 말했다. 하버드대 고생물학자 스티븐 제이 굴드Stephen Jay Gould는 그의 책 《생명, 그 경이로움에 대하여Wonderful Life》에서 "진화의 다른 이름은 다양화"라고 단언했다.

자연과 달리 인간은 거의 모든 일에서 철저하게 다양성을 줄이는 방향으로 일한다. 농업을 대표적으로 언급했지만 그 밖의 다른 일들을 생각해보라. 말로는 다양한 목소리가 있어야 건강한 사회라고 말하지만 실제로는 모두가 한목소리를 내도록 조율한다. 우리는 일사불란함을 좋아하고 질서 정연함을 추구한다. 그래서 인간 사회에서 다양성은 저절로 만들어지는 게 아니다. 열심히 노력해야만 얻을 수 있다.

이런 면에서 나는 현존하는 정치인 중에서 캐나다의 쥐스탱 트뤼도Justin Trudeau 총리를 가장 존경한다. CBD 의장직을 수행하던 2015년 11월 회의를 주재하기 위해 본부가 있는 캐나다 몬트리올을 찾았다. 시차에 제대로 적응하지 못한 나는 끝내 TV를 켰다가 더 큰 낭패를 부르고 말았다. 캐나다 공영방송이 트뤼도 총리의 첫 내각 임명 실황을 중계하고 있었다. 장관으로 호명되면 총리에게서 임명장을 받은 다음 소감과 포부를 밝히고 자리에 앉는 전 과정을 장장 몇 시간에 걸쳐 중계하고 있었다. 잠을 청하기는커녕 나는 종이를 꺼내 남자와 여자로 칸을 나눈 다음 '바를 정正'을 써가며 두 눈 부릅뜨고 시청했다. 그가 내각의 50퍼센트를 여성 장관으로 임명하겠다고 공약한 사실을 나는 언론을 통해 알고 있었다. 그가 정말 공약을 지키는지 지켜보았다. 놀랍게도 그는 정확하게 내각의 절반에 여성 장관을 앉혔다. 거기서 끝이 아니었다. 세계는 자꾸 이슬람 문화권 때문에 국제 질서가 무너진다고 비난하고 있다. 그래서 이라크 침공이 있었고 9·11테러사건이 이어졌다. 트뤼도 총리는 이슬람 출신도 두 명이나 장관으로 발탁했다. 이 역시 끝이 아니었다. 우리는 말로만 장애인을 배려해야 한다고 떠들어댄다. 트뤼도 총리는 장애인 장관도 한 분 모셨다. 그의 내각은 다양성 그 자체였다.

다음 날 아침 회의에는 퀘벡주 환경부 장관이 축사를 하러 참석했다. 여성이었다. 나는 그를 소개하며 약간 멋을 부렸다. "총리 한 사람 때문에 하루아침에 세계에서 가장 멋진 나라가 된 캐나다의 환경부 장관을 소개합니다." 그는 축사는 뒤로 미루고 트뤼도 총리 자랑을 한참이나 늘어놓았다. 그를 배웅하며 나는 언제 혹시 트뤼도 총리를 만나면 "진심으로 조의를 표한다"고 하더라 전해달라 부탁했다. 의아해하는 그에게 나는 이렇게 덧붙였다. "그렇게 다양한 사람들을 이끌고 어떻게 정치를 하려는 것인지 진심으로 걱정이 돼서 드리는 말씀이다. 이제는 많이 달라졌지만 예전에 우리나라 장관들은 대통령 의중을 살피느라 여념이 없었다. 혹여 잘못 파악하고 있는 것처럼 보이는 장관이 있으면 청와대 수석이 조용히 방문해 '각하의 의중'을 전달하면 하루아침에 국정 운영의 방향이 바뀌곤 했다. 나는 정치란 원래 그렇게 하는 것인 줄 알았는데 트뤼도 총리님은 참 다른 것 같다. 진심으로 존경한다 전해달라."

우리는 대의민주주의를 한다며 우리를 대변할 사람들을 국회의원으로 선출하고 우리가 선출한 대통령 역시 그런 사람들을 장관으로 임명해 국정을 운영하기로 했다. 그러나 현실은 많이 다르다. 국회의원이나 장관들이 우리와 퍽 다른 삶의 경험을 갖고 있는 사람들이라 사실상 대의민주제의 효율은 그리 높지 않다. 그렇다면 정치는 모름지기 트뤼도 총리처럼 해야 하는 것 아닌가? 국정 운영이 아무리 힘들다 하더라도 국민 모두를 대변할 수 있는 다양한 사람들을 모두 불러 모아 함께 논의하며 운영하면 되는 것 아닌가? 그 임명식을 보던 날 밤, 내 눈에서는 끝없이 눈물이 흘러내렸다. 나는 평생 자연의 다양성을 연구한 사람이다. 아름다운 자연의 다양성을 수없이 지켜보았다. 그러나 트뤼도 총리의 내각은 내가 살면서 본 가장 아름다운 다양성이었다.

생태적 죄와 생태적 전환

나는 2003년 1월 16~18일간 일본 도쿄에서 열린 '신세기문명 포럼'에 참석했다. 모리 요시로 전 일본 총리가 주관한 이 국제포럼에서 나는 '호모 심비우스: 21세기의 새로운 인간상 *Homo symbious: A New Image of Man in the 21st Century*'라는 제목의 강연을 했다. 포럼의 종합 논평에서 나의 강연을 결론 개념으로 삼으면 어떻겠느냐는 제안이 나오는 등 기대 이상으로 큰 호응을 얻었다. 호모 심비우스 *Homo symbious*는 내가 일찍이 하버드대 고전학과 Department of the Classics의 캐슬린 콜먼 Kathleen M. Coleman 교수의 도움으로 만든 인간의 새로운 학명이다. 2002년 여름 우리나라에서 열린 세계생태학대회 INTECOL에서 시민들을 위한 기조강연 시리즈를 구상

할 때부터 사뭇 구체적으로 내 마음속에 떠오르기 시작했다. 나는 그 기조강연 시리즈에 '21세기 새로운 생활철학으로서의 생태학: 다스림과 의지함Ecology as the New Philosophy of Life in the 21st Century: Stewardship and Dependence'이라는 이름을 붙이고 공생의 개념을 보다 널리 알리고자 했다.

언제부터인가 생물학은 가장 잘나가는 과학 분야가 되었지만, 생물학의 모든 세부 분야들이 다 그런 것은 아니다. 언젠가 우리나라 모 연구비 지원 재단에서 특별히 '첨단'과학 분야에 집중 지원을 한다고 하기에 정성스레 지원서를 작성하여 제출한 적이 있다. 그런데 심사도 하기 전에 그 재단의 업무를 담당하고 있는 한 분이 전화해 내가 괜한 수고를 했다고 알려주는 '친절함'을 베풀었다. 내가 연구하는 생태학은 첨단과학이 아니기 때문에 심사대상이 아니라고 설명했다. 그래서 나는 그분에게 '첨단尖端'의 정의가 무엇이냐고 되물었다. 내 예상대로 그는 대단히 곤혹스러워했다. 우리가 언제부터 첨단이라는 단어를 자주 쓰기 시작했는지는 모르지만 아마도 'cutting edge' 또는 'leading edge'라는 영어 표현을 우리말로 옮기는 과정에서 본격적으로 등장한 것으로 보인다. 첨단이란 말을 우리말사전에 찾아보면 "시대 사조, 학문, 유행 같은 것의 맨 앞장"이라는 정의와 함께 "뾰족한 끝"이란 정의가 내려져 있다. 안타깝게도 'leading edge', 즉 앞서간다는 개념보다는 'cutting edge'의 뾰족하다는 느낌이 더 깊이 새겨진 것 같다. 그래서 지극히 기술적인 분야가 아니면 첨단과학이 아닌 것으로 오해한다. 지금 우리는 우리의 생존 그 자체가 위협받는 이른바 '환경의 세기'에 살고 있다. 우리 모두를 이 엄청난 환경의 위기로부터 구해줄 생태학이 첨단의 관심사가 아니라면 무엇이 과연 첨단일까? 인류의 종말이 머지않은 상황에서 소위 첨단과학이라 일컫는 그 모든 과학 분야에 매달리는 게 무슨 '뾰족한' 대수일까 싶다.

도쿄 포럼에서 나는 '현명한 인간'이라는 뜻의 호모 사피엔스를 버리고 이 지구를 다른 생명과 공유하며 살겠다는 의지의 표현으로 공생인共生人, 즉 호모 심비우스로 거듭나자고 호소했다. 그러자면 나는 무엇보다 우리 인류가 '생태적 전환ecological turn'을 이뤄야 한다고 설명했다. 인류는 그동안 여러 다양한 전환을 맞았다. 언어적 전환, 문화적 전환 등이 있었다. 지난 세기말은 단순한 세기의 끝이 아니라 하나의 밀레니엄을 보내고 새로운 천년을 맞이하던 순간이었다. 당연히 미래에 대한 구상이 쏟아져 나오던 시절이었다. 기술적 전환, 로봇의 전환, 정보의 전환 등등. 그러나 나는 매우 당당하게 다른 모든 전환은 조만간 무의해진다고 주장했다. 세 가지 이유를 들었다. 21세기에는 기후변화, 생물다양성의 고갈, 그리고 치명적인 질병의 대유행 때문에 인간의 존재 자체가 위협받을 텐데 다른 전환이 다 무슨 소용이 있겠느냐고 역설했던 기억이 생생하다. 20여 년 전 나는 우리에게 남은 유일한 전환은 바로 생태적 전환이라고 부르짖었다.

2013년 호르헤 마리오 베르골리오Jorge Mario Bergoglio가 제266대 교황으로 선출되었을 때 나는 은근히 기대했다. 그가 교황으로서 사용할 이름을 아시시의 성 프란치스코에서 따온다고 밝힐 때부터 어딘가 남다르다고 생각했다. 2019년 그는 '하느님, 다른 사람들, 공동체, 그리고 환경에 반하는 행동 또는 태만'을 '생태적 죄ecological sin'로 규정하고, 이를 천주교 교리에 포함한다고 선언했다. 다 같은 피조물 간의 연대 체계를 끊는 행위는 자연의 상호 의존성 원칙에 어긋나는 원죄이다. 2015년 한국천주교주교회의가 프란치스코 교황의 회칙을 엮어 발행한 《찬미받으소서》라는 책에는 이 선언의 이론적 배경이 상세하게 적혀 있다. 시간과 공간도 서로 동떨어진 것이 아니며 이 세상 모든 존재가 서로 밀접한 관계를 맺고 있기 때문에 "자연계 자체의 상호작용과 더불어 자연계와 사회 체계의 상호작용을 고려"해야만 생태적 해결책을 찾을 수 있다. 그 옛날 프란치스코 성인은 일찍이 이를 '통합 생태론'이라 부르며 수학과 생물학의 언어를 초월해 우리를 인간다움의 핵심으로 이끌 것이라고 설명했다.

프란치스코 교황이 생태적 죄를 규정한 지 겨우 두 달도 채 안 돼 일어난 이번 팬데믹은 "자연 세계에 저지른 죄는 우리 자신과 하느님을 거슬러 저지른 죄"라는 관점에서 한 치의 어긋남도 없어 보인다. 프란치스코 교황은 환경 위기에 대한 구체적인 해결책을 찾으려는 우리의 노력이 힘 있는 자들의 이익 추구 일변도와 사람들의 관심 부족으로 효과를 내지 못했다고 유감스러워한다. 그는 이미 오래전부터 이런 끔찍한 재앙을 예견하고 통렬한 '생태 회개'를 주문했다. '공동의 집'을 함께 돌보기는커녕 자꾸 허물기만 하는 인간은 회개해야 한다. 지구가 걱정스럽다는 사람들이 있다. 천만에. 지구는 살아남는다. 비록 만신창이가 될지라도.

인간이 사라질 뿐이다.

　도쿄 포럼에서 내가 평소 늘 이마에 써 붙이고 다니는 좌우명 '알면 사랑한다'와 《논어論語》의 한 구절 '화이부동和而不同'을 구체적인 실천방안으로 제시했다. 그런데 신기하게도 마치 미리 짜기라도 한듯, 중국 대표로 온 학자 역시 '화이부동'을 21세기 문명의 대안으로 제안했다. 다양한 삶의 주체와 형태를 인정하고 그들에 대해 보다 많이 알기 위한 노력, 즉 생태학과 같은 학문을 통해 함께 사는 길을 찾아야 한다. 유전자의 눈높이에서 바라보는 생명은 언뜻 섬뜩하고 허무해 보인다. 그러나 그 약간의 소름 끼침과 허무함을 받아들이고 나면 스스로 철저하게 겸허해지는 경험을 한다. 그리고 자연의 일부로 거듭난다.

　현재 우리 인류가 저지르고 있는 환경 파괴 및 온갖 잔인한 행동을 보면 우리는 스스로 갈 길을 재촉하는 동물처럼 보인다. 지질시대를 나타내는 '세epoch'는 그 길이가 대개 300만 년이 넘는 법이고, 홀로세The Holocene에 접어든 지 이제 겨우 1만 1500년 남짓인데 우리는 우리가 지금 살고 있는 지질시대를 '인류세Anthropocene'라고 부르기로 했다. 새로운 세를 설정하려면 지층의 특징이 이전과 또렷하게 구분돼야 한다. 이건 그리 어려울 것 같지 않다. 우리 지층에는 엄청나게 많은 플라스틱과 닭 뼈가 켜켜이 쌓여 있을 테니 말이다. 138억 년 우주 역사를 1년으로 환산하면 지구가 탄생한 46억 년 전은 얼추 9월 1일경이었다. 지구에 생명이 처음 나타난 것은 10월 초였고, 인류는 섣달그믐 날 밤 11시 40분쯤 되어서야 태어났다. 현생 인류인 호모 사피엔스가 등장한 것은 길게 봐야 25만 년 전이니 11시 59분이 지난 후였다. 우리가 이른바 농업 혁명을 일으키며 인구가 폭발적으로 증가하기 시작한 때는 자정을 불과 20초 앞둔 시점이었고, 문화 혁명 르네상스는 자정 1초 전에 일어났다. 빌 브라이슨Bill Bryson은 《거의 모든 것의 역사A Short History of Nearly Everything》에서 이렇게 말했다. "두 팔을 완전히 펴고, 그것이 지구의 역사 전체를 나타낸다고 생각해보는 것이다. (…) 인간의 모든 역사는 손톱줄로 손톱을 다듬을 때 떨어져 나오는 중간 크기의 손톱 가루 한 알 속에 들어가버린다."

이런 하찮은 역사를 지닌 인간이 스스로 자신의 역사 한복판에서 새로운 지질시대를 시작한다니 이 얼마나 엄청난 오만인가? 2012년 제13회 카셀 도쿠멘타Kassel Documenta

초대 작가 문경원, 전준호는 '미지에서 온 소식News from Nowhere'이라는 예술 프로젝트를 준비하며 같은 제목의 책을 출간했다. 나는 그 책에 첫 장을 쓰는 영광을 얻어 '인간 실록편찬위원회A Committee for the Annals of *Homo sapiens*'라는 제목의 글을 썼다. 인간이 멸종하고 더불어 예술도 사라진 먼 미지의 미래에 우리 못지않게 지적인 동물이 탄생해 지구의 역사를 실록으로 편찬하는 위원회의 모습을 그렸다. 인간실록편찬위원회는 처음부터 난항이었다. 모기와 티 렉스T. rex의 실록도 아직 편찬되지 않았는데 기껏해야 1분도 채 살지 못하고 사라진 미물에 관한 실록을 굳이 만들어야 하느냐는 주장과 거의 순간에 살다 간 존재이지만 지구에게 저지른 만행으로 보면 반드시 기록으로 남겨 고발해야 한다는 주장이 팽팽하게 맞섰다. 논쟁은 그리 길게 이어지지 않았다. 짧고 굵게 살다 간 우리의 죄목은 굵고 길었다.

우리 생물학자들은 요즘 쓸데없는 내기를 하고 있다. 우리가 과연 살아온 시간만큼 생존할 수 있을까? 나는 잠시도 머뭇거리지 않고 턱없다고 답한다. 기후변화와 생물다양성 감소 등 지금 우리가 저지르고 있는 온갖 환경 파괴의 현장을 지켜보노라면 인간은 스스로 갈 길을 재촉하는 동물이다. 유발 하라리Yuval Noah Harari는 《사피엔스Sapiens》에서 인간의 군림은 앞으로 300년을 넘지 못할 것이라고 예견했다. 인류세의 시작점을 두고 의견이 분분하다. 인류가 농경을 시작하면서 지구 환경이 되돌릴 수 없는 방향으로 바뀌기 시작했다는 의견에서부터, 화석 연료 사용이 폭발적으로 늘어난 18세기 산업 혁명, 혹은 핵실험을 동반한 제2차 세계대전과 전쟁 직후 대규모 산업화가 일어나기 시작한 1950년대가 본격적인 시작점이라는 의견까지 다양하다. 2016년 4월 26일 하라리가 방한하여 열린 대담에서, 나는 300년이 아니라 이번 세기 안에 인류가 멸종한다 해도 눈 하나 깜짝하지 않겠다고 말했다. 인류세의 기원을 농업 혁명의 시작점으로 잡는다 해도, 만일 하라리나 나의 예측이 들어맞으면 인류세는 겨우 1만 년 남짓 이어진 역대 가장 짧은 지질시대가 될 것이다. 인간실록편찬위원회는 끝내 인류세를 허구로 규정할 수밖에 없을 것이다.

찰스 디킨스Charles Dickens의 《두 도시 이야기A Tale of Two Cities》는 다음과 같이 시작한다. "최고의 시절이자 최악의 시절이었으며, 지혜의 시기이자 어리석음의 시기였다. 믿음의 시대이자 불신의 시대였으며, 빛의 계절이자 어둠의 계절이었다. 희망의 봄이자 절망의 겨울이었다. 우리 앞에는 모든 것이 있었지만 한편으론 아무것도 없었다. 우리는 모두 천국을 향해 가고자 했지만 거꾸로 가고 있었다." 그리고 다음과 같이 끝난다. "요컨대 현 시대와 마찬가지로 그 시절에도 목소리 큰 정부 관리들은 싫든 좋든 극단적인 비교로 시대를 규정하려 했다." 일찍이 "인간은 역사의 무대에 잠깐 등장하여 충분히 이해하지도 못하는 역할을 하다가 사라진다"라고 한 셰익스피어의 경고가 다시금 새롭다. 거듭나야만 살 수 있다. 나는 우리 인간이 이번 세기에 호모 심비우스로 거듭나길 기원한다.

김명자. "기후변화와 팬데믹의 복합위기, 돌파구는 있는가" 철학과현실 126:가을호 (2020): 30~51.

김진수, 손요환, 신준환, 이도원, 최재천, 리처드 프리맥. 보전생물학. 사이언스북스, 2000.

유자효. 황금시대. 책만드는집, 2018.

전우익. 혼자만 잘 살믄 무슨 재민겨. 현암사, 1993.

최재천. 열대예찬. 현대문학, 2003.

최재천, 최용상. 기후변화 교과서. 도요새, 2011.

한국천주교중앙협의회. 한국천주교주교회의 역. 찬미받으소서. 2015.

Boukerche, Sandrine., Rianna Mohammed-Roberts. "*Fighting infectious diseases: The connection to climate change*" (World Bank Blogs, 2020).

Bowles, Samuel. *The Moral Economy: Why Good Incentives Are No Substitute for Good Citizens*. New Haven: Yale University Press, 2017. [보울스, 새뮤얼. 박용진, 전용범, 최정규 역. 도덕경제학. 흐름출판, 2020.]

Bryson, Bill. *A Short History of Nearly Everything*. New York: Broadway Books, 2003. [브라이슨, 빌. 이덕환 역. *거의 모든 것의 역사*(개역판). 까치, 2020.]

Buck, Pearl S. *The Good Earth*. New York: John Day, 1931. [벅, 펄. 홍사중

역. *대지*. 동서문화사, 2009.]

Carson, R. *Silent Spring*. Boston: Houghton Mifflin, 1962. [카슨, 레이첼. 김은령 역. *침묵의 봄*. 에코리브르, 2011.]

Choe, Jae Chun. "A Committee for the Annals of *Homo Sapiens*" In: Moon, Kyungwon., Joonho Jeon. *News from Nowhere*. Seoul: Work-room, 2012.

Choe, Jae Chun. "*Digital contact tracing in South Korea*" Special Reports, Inference-International Review of Science (2020).

Clements, F. E. "*Plant succession: Analysis of the development of vegetation* Carnegie Institute of Washington Publication 242 (1916): 1~512.

Colborn, Theo., Diana Dumanoski, John Peterson Myers. *Our Stolen Future* New York: Plume, 1997. [콜본, 테오. 권복규 역. *도둑 맞은 미래*. 사이언스북스, 1997.]

Darwin, Charles. *On the Origin of Species*. London: Murray, 1859. [다윈, 찰스. 장대익 역. *종의 기원*. 사이언스북스, 2019.]

Dawkins, Richard. *The Selfish Gene*. Oxford: Oxford University Press, 1976. [도킨스, 리처드. 홍영남 · 이상임 역. *이기적 유전자*(40주년 기념판). 을유문화사, 2018.]

Diamond, Jared. *Guns, Germs, and Steel*. New York: W. W. Norton, 1997. [다이아몬드, 재레드. 김진준 역. *총, 균, 쇠*(개정증보판). 문학사상사, 2013.]

Diamond, Jared. *Collapse: How the Societies Choose to Fail or Succeed*. New York: Viking, 2004. [다이아몬드, 재레드. 강주헌 역. *문명의 붕괴*, 김영사, 2005.]

Diffenbaugh, Noah S., Marshall Burke. "*Global warming has increased global economic inequality*" Proceedings of the National Academy of Sciences 116 (2019): 9808~9813.

Ewald, Paul. *Evolution of Infectious Disease*. Oxford: Oxford

University Press, 1993. [이월드, 폴. 이성호 역. 전염성 질병의 진화. 아카넷, 2014.]

Gleason, H. A. *"The individualistic concept of the plant association"* Torrey Botanical Club Bulletin 53 (1926): 7~26.

Goodland, R. J. *"The tropical origin of ecology: Eugen Warming's jubilee"* Oikos 26 (1975): 240~245.

Gore, Al. *An Inconvenient Truth*. Emmaus, Pennylvania: Rodale Press, 2006.

Gould, S. J. *Wonderful Life*. New York: W. W. Norton, 1989. [굴드, 스티븐 제이. 김동광 역. 생명, 그 경이로움에 대하여. 경문사, 2004.]

Hamilton, W. D. *"The genetical evolution of social behaviour, I & II"* Journal of Theoretical Biology 7 (1964): 1~52.

Hutchinson, G. E. *"Homage to Santa Rosalia, or why are there so many kinds of animals?"* Am. Nat. 93 (1959): 145~159.

Brondizio, E. S., J. Settele, S. Díaz. H. T. Ngo(Editors). IPBES Secretariat. *"Global Assessment report on biodiversity and ecosystem services of the Intergovernmental Science-Policy Platform on Biodiversity and Ecosystem Services"* IPBES, 2019.

Jahren, Hope. *The Story of More: How We Got to Climate Change and Where to Go from Here*. New York: Vintage, 2020. [자런, 호프. 김은령 역. 나는 풍요로웠고, 지구는 달라졌다, 김영사, 2020.]

Kafka, Franz. *Die Verwandlung*. Leipzig: Kurt Wolff Verlag, 1915. [카프카, 프란츠. 이재황 역. 변신, 문학동네, 2011.]

Klein, Naomi. *This Changes Everything: Capitalism vs. The Climate*. New York: Simon & Schuster, 2014. [클라인, 나오미. 이순희 역. 이것이 모든 것을 바꾼다. 열린책들, 2016.]

Krebs, C. J. *Ecology: The Experimental Analysis of Distribution and*

Abundance 5th ed. San Francisco: Benjamin Cummings, 2001.

MacArthur, R. H. *"On the relative abundance of bird species"* Proc. Nat. Acad. Sci. USA. 43 (1957): 293~295.

MacArthur, R. H. *"Population ecology of some warblers of northeastern coniferous forests"* Ecology 39 (1958): 599~619.

MacArthur, R. H., E. O. Wilson. *The Theory of Island Biogeography*. Princeton, NJ: Princeton University Press, 1967.

Millennium Ecosystem Assessment. *Ecosystems and Human Well-being: Synthesis*. Washington, D. C.: Island Press, 2005.

Perlman, D. L., J. C. Milder. *Practical Ecology for Planners, Developers, and Citizens*. Washington, D. C: Island Press, 2005.

Russell, Edmund. *War and Nature: Fighting Humans and Insects with Chemicals from World War I to Silent Spring*. Cambridge: Cambridge University Press, 2001.

Sandel, Michael J. *What Money Can't Buy: The Moral Limits of Markets*. New York: Farrar, Straus and Giroux, 2012. [샌델, 마이클. 안기순 역. 돈으로 살 수 없는 것들. 와이즈베리, 2012.]

Secretariat of the Convention on Biological Diversity. *"Global Biodiversity Outlook 5"* Montreal, 2020.

Smith, Adam. *The Theory of Moral Sentiments*. Glasgow: R. Chapman, 1759. [스미스, 애덤. 박세일 역. 도덕감정론, 비봉출판사, 2009.]

Smith, Adam. *An Inquiry into the Nature and Causes of he Wealth of Nations*. London: W. Strahan and T. Cadell, 1776. [스미스, 애덤. 김수행 역. 국부론. 비봉출판사, 2007.]

Stiling, P. D. *Ecology: Theories and Applications* 2nd ed. Prentice Hall, Upper Saddle River, New Jersey, 1996.

Strasser, Bruno J., Thomas Schlich. *"A history of the medical mask and the rise of throwaway culture*" The Lancet 396 (2020): 19~20. DOI: https://doi.org/10.1016/S0140-6736(20)31207-1.

Tansley, A. G. "*The use and abuse of vegetational concepts and terms*" Ecology 16 (1935): 284~307.

Temple, James. "*Yes, climate change is almost certainly fueling California's massive fires*" MIT Technology Review August 20 (2020).

U. S. Office of Technological Assessment. "*Technologies to Maintain Biological Diversity*" United States Government Printing Office, Washington, D. C., 1987.

U. S. Office of Technological Assessment. "*Federal Technology Transfer and the Human Genome Project*" United States Government Printing Office, Washington, D.C., 1995.

Warming, J. E. B. Plantesamfund. Grundtraek af den okologiske Plantegeograft. Philipsen, Kjobenhavn, Denmark, 1895.

Weisman, Alan. *The World Without Us*. New York: St. Martin's Thomas Dunne Books, 2007. [와이즈먼, 앨런. 이한중 역. 인간 없는 세상. 랜덤하우스코리아, 2007/2020.]

Wilson, E. O. *Biophilia*. Cambridge, Massachusetts: Harvard University Press, 1984. [윌슨, 에드워드 O. 안소연 역. 바이오필리아. 사이언스북스, 2010.]

Wilson, E. O. (ed.) *Biodiversity*. Washington, D. C.: National Academy of Sciences, 1988.

Wilson, E. O. *Consilience: The Unity of Knowledge*. New York: Vintage, 1998. [윌슨, 에드워드 O. 최재천, 장대익 역. 통섭. 사이언스북스, 2004.]

《침묵의 봄》

레이첼 카슨, 김은령 옮김

대중의 환경 의식을 고취시킨 고전 중의 고전.

《모래 군의 열두 달》

알도 레오폴드, 송명규 옮김

《침묵의 봄》 이전에 이 책이 있었다. 자연 생태계를 있는 그대로 소개한 최초의 생태 에세이.

《인간의 그늘에서》

제인 구달, 최재천, 이상임 옮김

야생 침팬지를 연구하며 발견한 인간의 본성.

《동물들의 겨울나기》

베른트 하인리히, 강수정 옮김

겨울에도 동물은 살아 움직인다는 사실을 알려주는 생태 리포트.

《개미제국의 발견》

최재천

외국 학자의 책을 번역하던 시대를 넘어 우리 학자가 쓴 최초의 자연과 생태 이야기.

《한국의 전통생태학 I, II》

이도원

우리나라 대표 생태학자가 분석한 우리 전통문화 속 생태 원리.

《문명의 붕괴》

재레드 다이아몬드, 강주헌 옮김

인류 문명의 발전에 관한 《총, 균, 쇠》에 이어 문명이 어떻게 붕괴할 수 있는지 분석한 역사 생태학.

《최재천의 인간과 동물》

최재천

일반인도 읽을 수 있도록 쉽게 풀어 쓴 국내 최초 동물행동학 교과서.

《월든》

헨리 데이비드 소로, 한기찬 옮김

자연주의자 소로가 2년 2개월 이틀에 걸쳐 월든숲에서 몸소 겪은 자연 체험 리포트.

《호모 심비우스》

최재천

생태학자 최재천의 자연 철학. "경쟁을 넘어 공존으로."

《바이오필리아》

에드워드 윌슨, 안소연 옮김

사회생물학의 창시자이자 생물다양성 연구의 대가 에드워드 윌슨의 자연철학.

《지구의 절반》

에드워드 윌슨, 이한음 옮김

너무나 빠른 속도로 감소하고 있는 생물다양성을 보전하기 위한 에드워드 윌슨의 처절한 호소.

《손잡지 않고 살아남은 생명은 없다》

최재천

그동안 자연이 경쟁의 현장인 줄로만 생각했지만 실제로는 협력과 공생이 훨씬 큰 힘을 발휘한다는 사실을 일깨워주는 책.

《찬미받으소서》

한국천주교중앙협의회, 한국천주교주교회의 옮김

2019년 11월 '생태적 죄'를 인간의 원죄에 포함한다고 선언한 프란치스코 교황의 회칙.

《오래된 미래》

헬레나 노르베리-호지, 양희승 옮김

히말라야 고원의 작은 마을에서 사는 사람들의 삶을 통해 지구 미래를 구할 방도를 모색하는 책.

《이것이 모든 것을 바꾼다》

나오미 클라인, 이순희 옮김

기후변화에 관한 거의 모든 현실과 진실을 담은 결정적 리포트.

《제인 구달의 생명 사랑 십계명》

제인 구달, 마크 베코프, 최재천, 이상임 옮김

마크 베코프와 더불어 지구를 살릴 수 있는 방안 10가지를 제시한 책.

《핀치의 부리》

조너선 와이너, 양병찬 옮김

다윈의 자연선택 이론이 실제로 어떻게 벌어지는지 50년 가까이 갈라파고스에서 다윈의 핀치새를 연구하며 겪은 경험과 지혜.

《시적 인간과 생태적 인간》

김종철

2020년 너무나 아깝게 우리 곁을 떠난 한국 최고의 생태철학자 김종철의 자연에 대한 생각.

《물속을 나는 새》

이원영

펭귄을 연구하는 이원영 박사가 체험한 남극 생활 그리고 펭귄의 행동과 생태.

《저디, 곰새기》

장수진, 김준영 그림

2013년 제돌이를 제주 바다에 돌려보낸 후 지속적으로 돌고래의 행동과 생태를 연구해온 MARC(해양동물연구와보전) 연구원들의 현장 보고서.

《스피노자의 거미》

박지형

이화여대 환경공학과 박지형 교수가 자연과 생태를 바라보는 시각.

《종의 기원》

찰스 다윈, 장대익 옮김

자연선택 메커니즘을 소개한 생물 고전.

《인간 없는 세상》

앨런 와이즈먼, 이한중 옮김

인간이 사라지면 어떻게 지구 생태계가 변하는지 보여주며 인간 존재의 폐해를 알려준다.

《다양성을 엮다》

강호정

생태학은 한마디로 다양성 과학Science of diversity임을 여러 생태계를 분석하며 알려주는 책.

《멸종위기 야생생물 I, II》

국립생태원

국립생태원 연구진이 정리한 멸종 위기에 처한 생물의 현황과 보전 방안.

《환경 재난과 인류의 생존 전략》

박석순

인류 역사의 환경 재난 총정리.